U0129472

曾许世间第一流

宋代文人的浮沉人生

孔祥秋——著

沈阳出版发行集团
沈阳出版社

相见欢

无奈朝来寒雨晚来风

自是人生长恨水长东

李煜

虞美人

yu mei ren

—— 李 煜 ——

春花秋月何时了？往事知多少。小楼昨夜又东风，故国不堪回首月明中。

雕栏玉砌应犹在，只是朱颜改。问君能有几多愁？恰似一江春水向东流。

雨霖铃

— 柳永 —

寒蝉凄切，对长亭晚，骤雨初歇。都门帐饮无绪，留恋处，兰舟催发。执手相看泪眼，竟无语凝噎。念去去，千里烟波，暮霭沉沉楚天阔。

多情自古伤离别，更那堪，冷落清秋节！今宵酒醒何处？杨柳岸，晓风残月。此去经年，应是良辰好景虚设。便纵有千种风情，更与何人说？

玉楼春

天涯地角有穷时

只有相思无尽处

晏殊

浣溪沙

—— 晏 殊 ——

一曲新词酒一杯，去年天气旧亭台。夕阳西下几时回？
无可奈何花落去，似曾相识燕归来。小园香径独徘徊。

苏幕遮

明月楼高休独倚

酒入愁肠 化作相思泪

范仲淹

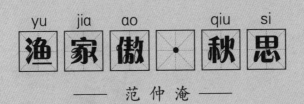

渔家傲·秋思

—— 范仲淹 ——

塞下秋来风景异，衡阳雁去无留意。四面边声连角起，千嶂里，长烟落日孤城闭。

浊酒一杯家万里，燕然未勒归无计。羌管悠悠霜满地，人不寐，将军白发征夫泪。

小园春日

一事不堪身衣褐

且偷闲眼看芳菲

林逋

山园小梅·其一

—— 林逋 ——

众芳摇落独暄妍，占尽风情向小园。

疏影横斜水清浅，暗香浮动月黄昏。

霜禽欲下先偷眼，粉蝶如知合断魂。

幸有微吟可相狎，不须檀板共金樽。

采桑子

群芳过后西湖好

垂杨阑干尽日风

欧阳修

die lian hua

蝶恋花

—— 欧阳修 ——

庭院深深深几许，杨柳堆烟，帘幕无重数。玉勒雕鞍游冶处，楼高不见章台路。

雨横风狂三月暮，门掩黄昏，无计留春住。泪眼问花花不语，乱红飞过秋千去。

定风波

—— 苏 轼 ——

莫听穿林打叶声，何妨吟啸且徐行。竹杖芒鞋轻胜马，谁怕？一蓑烟雨任平生。

料峭春风吹酒醒，微冷，山头斜照却相迎。回首向来萧瑟处，归去，也无风雨也无晴。

鹧鸪天

自是花中第一流

何须浅碧深红色

李清照

一剪梅

—— 李清照 ——

红藕香残玉簟秋。轻解罗裳，独上兰舟。云中谁寄锦书来？雁字回时，月满西楼。

花自飘零水自流。一种相思，两处闲愁。此情无计可消除，才下眉头，却上心头。

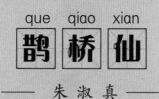

鹊桥仙

—— 朱淑真 ——

巧云妆晚，西风罢暑，小雨翻空月坠。牵牛织女几经秋，
尚多少、离肠恨泪。

微凉入袂，幽欢生座，天上人间满意。何如暮暮与朝朝，
更改却、年年岁岁。

清平乐

眼前万里江山

布被秋宵梦觉

辛弃疾

破阵子

—— 辛弃疾 ——

醉里挑灯看剑，梦回吹角连营。八百里分麾下
　　炙，五十弦翻塞外声，沙场秋点兵。

马作的卢飞快，弓如霹雳弦惊。了却君王天下
　　事，赢得生前身后名。可怜白发生！

十一月四日风雨大作·其二

—— 陆 游 ——

僵卧孤村不自哀，
尚思为国戍轮台。
夜阑卧听风吹雨，
铁马冰河入梦来。

宋词的兴盛，源于宋史恰如其分的土壤；而宋史的发展，自然也带有宋词的韵调。

宋朝，以刀枪开疆拓土，以笔墨润色山水。武，是宋太祖赵匡胤的荣耀，也成了他的心病，他怕他的身后，也上演别人的一场"黄袍加身"。于是，计上心头，宴乐之间，杯酒释兵权。宋朝的第三位皇帝赵恒，更是高呼道："书中自有黄金屋，书中自有颜如玉。"

正是对文化的大力倡导，让无数寒门学子，有了登上庙堂的机会。这实在是文艺的盛事。

文化的繁荣，不仅让许多人有了一颗文艺的心，也让很多人有了经营的头脑，从而掀起了商业浪潮。而商业的崛起，让文化事业更加繁荣，如此相互促进，让一个朝代富贵而有闲，恣意而显格调。日渐昌盛的都市中，尤其是勾栏瓦舍之间，歌舞与诗词同欢，文化与月色同辉。即便是偏远乡野，也有韵调声声。

宋朝，本来不缺少武备，但一代一代的赵家皇帝，在抑武扬文的道路上，逐渐走向了极端，本就寥若晨星的几位武将，被荒废在角落，不得高位，不得舒展。那兵权在握的，都是不擅武事的文臣。文臣的笔锋，终究缺少硬度和锐度，每遇战事，大都是温婉地回避，即便有心怀壮志的大臣，能慷慨激昂地争得一时胜负，终究也无奈大势所趋。

诗词，在边塞里，高歌又悲叹，激昂又伤怀。文臣们，一边请君问民，在殿堂；一边吟风弄月，在欢场；一边栉风沐雨，向边防。儿女情长，家国情怀，诸多的心事，尽在笔端。一首词，一个故事；一首词，一场诉说；一首词，一番情恨；一首词，一片山河起伏跌宕。

有人说，五代乱世如长夜，而宋朝如黎明。黎明是让人欢喜的，但略显沁凉，那期待的辉煌的温暖还没到来，这曙色就碎成了开裂的瓷器。纸张可以承载历史，但纸张无力改变历史。野蛮的刀枪，最终还是让文明那样的狼狈不堪。

千古词帝李煜，生于五代，逝于宋初，却影响了整个宋代词坛，此后柳永、晏殊等一位位词人彰显才华，留下了一首首佳词名作。宋词，长短参差，不似唐诗直抒胸臆，让人觉得有太多的长吁短叹、低吟浅唱，是辞藻华丽的大悲调，是残山剩水的小欢喜。文艺如何？富贵又如何？宋史如宋词，宋词如瓷，空有虚张声势的硬度，最终还是碎成残瓷剩片。厚厚的宋词，厚厚的宋史，字里行间尽是宋代文人的悲欢离合。一词兴国风，一词成国殇。宋词，实在无力承担这么多、这么多。

唐人爱剑，山海豪迈。宋人文雅，创制了折扇。一扇在手，虽是风月无边，可谁又懂得其中的皱皱褶褶？这些，今天的我们可以慢慢品味，而岁月深处的他们，却再也来不及。他们，和他们那个时代的千般纠葛，收于这一卷文字，就让我们在那起伏有致的段落之间，回望那段千年前的烟雨，聆听一位又一位词客的灵魂诉说吧。

目 录 ——————

·李煜·

一代词帝的几许悲愁

　　若他生在唐朝，一定是临风邀月，对酒当歌。若他生在宋朝，一定是倚栏弄影，吟红咏绿。可他偏偏生在五代十国啊，不唐不宋的他，半臣半王的人，左右为难的命。

（一）

月亮，这文艺千年的主题，明澈了多少文字！圆了，是完美，是欢喜；缺了，是遗憾，是悲情。从上弦的初月，一步步到十五的满月，再由满月，一步步退到下弦的无影。这就是岁月，就是光影。

我们的人生，都在这月圆月缺里。

七夕，浪漫的日子，在孩提的时候就知道些许。

夏日的庭院里，奶奶说："每到七月初七，夜深人静时，在葡萄架下可以听到牛郎织女说悄悄话。"

我家的院子，宽宽的。除了栽树种花，蔬菜瓜果更不能少。

树有槐树、榆树、枣树，另有一棵苦楝和一棵椿树。对了，曾经还有两棵桃树，一大一小。春风一来，两树花开，一院喜气。那时清寒的日子，立时就粲然一片了。说起来，这两棵桃树真有趣，大棵的结桃小，脆甜；小棵的结桃大，多汁。

花，我所说的是那些特意种的闲花。

那时，农家的日子苦，大多没有赏花斗草的心思。院子里只栽了指甲桃和紫茉莉。指甲桃，三五棵成一簇，栽在正屋的东窗下。花儿开得正艳的时候，姐姐便和几个伴儿，叽叽喳喳摘了花瓣，捣成糊儿，调了白矾末，敷在指甲上，并用荷叶包上，待过了一天一夜后取下。指甲上那粉嫩的颜色，就像春天刚刚拱出土的，美美的苇笋芽。

夜来香，一大丛，长在院西的篱笆下。虽然少有人管理，却一副没心没肺的模样，疯疯张张地长得旺。这倒是很符合乡间人的脾气。

种得最用心的当然是蔬菜瓜果。几垄葱，两畦蒜，一畦韭菜，沙水汪汪地鲜。更有茄子、辣椒、番茄，只是番茄总也打理不好，结几个半红半青的果儿，秧苗也就莫名其妙地枯了。至于豆角、葫芦、丝瓜，更是爬满东西两篱笆，硕果累累连成片。

葡萄却是不曾栽种，所以也就没有葡萄架。院子里只有一个凉棚，白日遮阴，夜晚避露，这是夏日乘凉的地方。彼时，就能将听牛郎织女说情话的愿望，寄托在这凉棚之下了。

那夜，银河清浅，弦月如船。细细地看，果然美。我躺在凉席上，格外乖巧。但纵是多么认真，却不曾听到半句鹊桥上的夜话。心中便怨怨地以为，或许凉棚上搭配的是杨树和柳树枝叶的缘故，自是比不了葡萄藤蔓缠缠绕绕有情趣，听不到那七夕的夜话，自然也就理所当然了。

多年之后，我已不再是少年，也早已懂得了七夕只是一个神话，但我依然对月光下的葡萄架，心生憧憬。

谁的心里，不曾有过浪漫的念想呢！岁岁年年里颠簸，不老，也不愿老。

在中国浩瀚的历史烟尘里，有一个人，生在七夕，死在七夕，似乎是世间唯一的一个。想他，定是一个浪漫的人。的确，他心怀浪漫，情倾天地。然而就是这样一个人，却集千般愁、万种苦于一身，潦草度过一生。

他，就是李煜——南唐后主。

七夕，这传于上古的节日，西汉时已经普及华夏，唐宋时盛极一时。一路传承，喜气洋洋。

唐宋，中国历史上的文学盛世。一为牡丹，花开富贵。东长安，西洛阳，粲然绽放。一为青瓷，素雅俊逸，北汴梁，南临安，静守一方。唐和宋，各有其美。

牡丹再美，终也敌不了岁月的摧残，片片花瓣终将次第凋落。大唐再盛，也落得江山破碎，零乱成了五代十国的局面。在那风雨飘摇的日子里，一国忽而东，一国忽而西；一国忽而明，一国忽而暗；一国昂扬了，一国委顿了。一国又一国，就是那离了枝头的花瓣，飘忽不定。

好在这碎了一地的花瓣，终于被收拢在一起，那就是大宋。几十年的风雨洗礼，花瓣早已尽失颜色，这就是宋代的瓷器。那花瓣拼接处的纹理，就是宋瓷的开裂。

唐有七夕，宋有七夕，这夹在中间的五代十国，虽然是一段颠沛流离的时代，七夕还是有的，只是这节日，已经少了那安安静静的浪漫。在连绵的烽火里，谁还能生出这样的心思，这样的情志呢？

南唐，就是那五代十国乱世烟雨中的一国。

南唐，充满诗情画意的江南地。李煜，有才亦有貌的南唐人。若他生在唐朝，一定是临风邀月，对酒当歌。若他生在宋朝，一定是倚栏弄影，吟红咏绿。可他偏偏生在五代十国啊，那浪漫，也就注定是一种血色的浪漫，一世悲情的延绵。

不唐不宋的他，半臣半王的人，左右为难的命。

（二）

公元 937 年，金陵的那个七夕夜，是静美的。诗意的月光，洒遍这座城，洒遍城外的长江水。一个男婴悄悄降临世间，他，月华满身。

以七夕为欢的徐家府宅中，在这浪漫的时刻，再添此喜，那是大吉。作为祖父的徐知诰，也是欢喜的。人丁兴旺，是每一个长者的心愿。

徐知诰，南吴大将徐温的养子，他还不是统领江山的王，但他是权倾朝野的臣中之王。这位曾经浪迹于市井的孤儿，正是苦难和艰辛，磨砺了他的心神，熔炼了他的智谋，使他成了驰骋疆场的王者。虽然他只是王座前的一个臣子，然而王的孱弱，让他再也按捺不住自己，他终于迈出了走向王座的步伐，废除吴王，改国号为齐。金陵，成了他的王城。在王座上稍坐片刻的徐知诰，忽然长身而起，昭告天下。他，乃是大唐的正统，是李家遗失在荒野中的血脉，他要恢复自己的本身。

公元 939 年，徐知诰，成了李昇，开启了自己的王朝，这就是南唐。

那个七夕出生的孩子，从此被唤作李从嘉。

身为李昇长子李景通的儿子，李从嘉的身份是高贵的，他的童年当然不会有纵横奔跑的自由，一举一动，都有精心的呵护。李昇，曾经饱尝少年之苦，深知荒郊野巷的凄寒。如今，他身为霸居一方的帝王，所以对子孙有颇多宠爱。小从嘉，也就被绸缎紧紧地包裹在深宫高院之中，那是一个不沾尘埃的华丽身影。

　　孩子的心，像浮云那般自由自在，童年的李从嘉向往着长街上的嬉闹，田野里的奔跑。可是帝王子孙的礼数和娇贵，哪能容得他的步履放浪形骸？他只能在方方正正的皇城里，亦步亦趋，循规蹈矩着。

　　小从嘉，不想在模具里长大，他想拥有自己的鸟语花香，自己的小桥流水，抑或荆棘和泥泞。于是，他常常手扳着威严的深门，望着外边哭泣。皇宫深处，是华贵的，何尝不是寂寞的。那里可以躲避风雨，同时也错过了阳光和清风，那里的成长是畸形的，如蚕如蛹。

　　祖父李昇遗传下来的那纵马于山水间的野性，也就在他的童年里，渐渐退化成软软的一片月光。随着父亲李景通的继位，作为皇子的李从嘉，进一步困于礼仪，一言一行都需在方寸之间。少年的他，毕竟已经懂得纲常大道，知道了好好遵循。然而，惆怅再次惹上了他的身。

　　父亲李景通登上了宝座，被称作皇帝李璟，而长兄弘冀，在那传统的观念里，是理所当然的太子。从嘉和他，隔了四位哥哥的距离，实在没有什么争夺王位的可能，然而"丰额骈齿、一目重瞳"的他，天生贵人之相，传言三皇五帝之一的舜，周朝的开国君主周武王，以及西楚霸王项羽等，才有这样的面貌。

　　他，从出生那一刻起，就被祖父李昇和父亲李璟视为南唐的幸运和吉祥，这不得不让大哥弘冀多瞄上几眼。那目光，像腊月的风，嗖嗖地凉，让李从嘉不得不将衣衫裹紧，再裹紧。

　　李从嘉是冰雪聪明的，为了躲避兄长那犀利的目光，他总是独自在月光下，捧读诗文，抚弄画卷。

晚妆初了明肌雪，春殿嫔娥鱼贯列。凤箫吹断水云间，重按霓裳歌遍彻。

临风谁更飘香屑？醉拍阑干情味切。归时休放烛花红，待踏马蹄清夜月。

——《玉楼春》

最初对诗词的欢喜，的确是被动的。可天生多情的李从嘉，诗文的技能突飞猛进，一时间冠绝群芳，让长兄的目光里，少了一些冷峻的狐疑。从诗词里，怎么看也实在没有一点儿王者之气，满满地都是软烟轻雾。看来，他只愿意做那个耕云种月的闲人。

不知一切是天意的安排，还是宫廷的计谋，四个哥哥竟然都相继病亡，本来躲在他们身后的从嘉，忽然就一览无余地暴露在哥哥弘冀的眼前了。那冰冷的目光，再次像刀子一样扫过来，那肃杀之意，让他不寒而栗。

从嘉深深地明白，这位哥哥最像祖父李昇，冷峻、凌厉、果断、铁血，他才应该是接过祖父那把长剑的人，他才是帝王衣钵的传承人。父亲李璟，也没有这天生的才能，他更像是一个词人。

李从嘉是无意为帝王的，从没有争夺王座的心，可兄长的目光让他如芒在背。为了回避那锋芒，他只能往琴棋书画的更深处走去，在那无欲无求的地方悠游。他，给自己取号为钟峰白莲居士，莲峰居士。

浪花有意千里雪，桃李无言一队春。一壶酒，一竿身，快活如侬有几人。

——《渔夫》（一）

一棹春风一叶舟，一纶茧缕一轻钩。花满渚，酒满瓯，万顷波中得自由。

——《渔夫》（二）

如此诗词，是无拘无束的，是轻舟已过万重山般的春风满怀，是独钓寒江雪的清醒幽思。然而，这只是李从嘉在一幅画上的题词。深宫高墙之中，哪儿来轻舟？峰又何在？这不过是无奈的他，在臆想中宽慰自己罢了。这看似快意无边的文字里，深深地掩藏着说不出的几重愁。

他，没有一叶舟，也没有一轻钩，更没有无拘无束的自由。

以文艺为帷幕，避祸于诗词的李从嘉，倒也渐渐沉醉于诗词，本想就此平仄一生，为花前月下独宠。真正做一个渔夫那样在山水中悠游的人，有酒醉，有莲赏；有浪花洗身，有明月洗心。

命运，却常常让人措手不及，不想成全李从嘉的波澜不惊。这世界，无风不至的地方。

太子弘冀，这位骁勇善战，疆场上的万人敌，王位的继承者，若他称王，或许南唐会英武日久，不会草草沦落。怎奈他为谋宝座太过发力，欺胞弟，杀叔王，终遭天谴。就在离龙椅一步之遥的地方，突然暴病，殒命华年。一把雄心勃勃的剑，就此呛啷啷掉落在尘埃里。

李璟对于太子弘冀的看法，其实一直是矛盾的，这其中既有对长子的爱，又对他的多疑和残忍心生厌恶，甚至多次严厉斥责过他。李璟更担心的是，将来的弘冀会将南唐带向何方。

弘冀的突然暴亡，李璟当然是悲伤的，但似乎又有了一种释然。他终于切切实实地将目光望向了李从嘉，他特别喜欢这个文艺的儿子。李璟虽然也有些刀枪的谋略，但他其实更是文艺的，也算是一代诗词名家。

这些年，背对王座天天吟风弄月的李从嘉，不得不面对父王的召唤。他转过身来，望向那威严的宫殿，那堂皇的光芒，这些一下子闪了他的眼。好久好久，他没敢如此正眼看一下这众人朝拜的高处了。这里，曾经属于祖父李昇，如今属于父亲李璟，将来本应该属于兄长李弘冀。李从嘉深知王位的争夺是血腥的。身前不远的大唐，就是活生生的例子，所以他只想要自己的风清月朗。

命运，总是有太多的奇思妙想，无意江山的李从嘉，不得不成了王座的继承者。一个痴心于诗词的人，不得不认认真真操习起朝廷的那些礼仪。

他入主东宫，成了太子。

那时，真是乱世，可谓烽火八方。登上王座的李璟，似乎将烈祖李昇教导他的要谨言慎行，面对邻国，多行友善，给予帮扶，时机成熟才可开疆拓土的遗训忘了个一干二净。他以完成父亲的霸业为由，迅速四处出击，东征西伐。怎奈空有气吞山河之心，却无横扫六合之能。他自以为骑过两次马，就成了可以纵横驰骋的马上皇帝。其实，他就是一个只有诗词梦想的人，操持起刀枪来是那样的笨手笨脚。为此，连年的征战，致使南唐国力衰退，一个十国中的翘楚之国，迅速成为一个病弱的朝廷。

崛起的后周乘虚而来，三战三捷，让南唐的兵将丢盔卸甲。李璟眼见大厦将倾，急忙向邻国求援，可惜失道寡助，没有谁肯伸手帮扶一把。

面对后周王柴荣的步步紧逼，李璟再也无招架之力，斜披龙袍离开了金陵，仓皇逃向洪州，在那里筑起了临时的宫殿，并加急向北方送去国书，决定臣服于后周，为此而苟且一方。

然而悔恨和恐惧，让李璟的精神世界逐渐崩塌，身体一天天虚弱下去。宽大的龙袍穿在越来越消瘦的李璟身上，显得那么滑稽可笑。他走来走去，吟诵着悲凉的词句，竟然像一个游魂，不久，就在长吁短叹中抑郁而亡了。

那个原本是被父亲扔在金陵，虚张声势地镇守长江的李从嘉，就这样被文武百官簇拥着，登上了王座。

此时，王座已经落满灰尘，侍臣们轻轻一掸，那飘起的浮烟，就呛得李从嘉咳嗽连声。他，原本是一个弱不禁风的人。

登基，这南唐自己的国仪，也不得不向宋朝上奏。

南唐，王座换了主人，但毕竟还是他们李家的血脉传承。而北方的后周，本来英姿勃发的柴荣，或许在战场上太过勇猛，耗去了太多的阳气，突然暴病而亡。年幼的皇子柴宗训懵懵懂懂登上了宝座，但仅仅一年后，大将赵匡胤却以"黄袍加身"为借口，巧取江山，篡夺了王位，开创了宋国。后周，历经三代帝王，前前后后也仅仅享国十年，就此消亡。

向后周称臣的南唐，延续着向宋国称臣的这一传统。

李从嘉，这个月色里行走的词人，成了帝王李煜。煜，是光是火。然而，纵观李煜的一生，何曾有过照耀山河的光芒？倒是可与月相映，情辉万缕，亦思亦愁，成吟成叹。

他的龙袍，完全不是帝王那光芒四射的金黄，完全是寒菊的黄，在那乱纷纷的时光里，接受着秋风的肃杀洗濯。一日一日，愈加暗淡，愈加委顿。他的时代，是霜雪满身，霜雪满国的时代。

原本山清水秀、物华天宝的丰美之地，却在北风的肆虐里，风雨飘摇。生机，一点点消失，水冷山瘦。

（三）

李煜继位，南唐江山已成半壁，早就去除了许多的国仪，不能算是真正的帝王，只能称国主。可他，又哪主得了国家沉浮？每有宋国使臣来到南唐，他只能平起平坐地对待，甚至有的时候还要行跪拜之礼，迎接北宋朝廷的诏书。那黄袍也不得不换成紫袍，此时的紫色，多么尴尬！就像一个人窘迫时尴尬的脸色。

李煜的脸色算得了什么呢？南唐，必须好好看着赵匡胤的脸色。宋国帝王心境的阴晴，就是南唐全国的阴晴。

王座上，南唐的内外交困，让李煜已经焦头烂额，每每下得朝堂回到皇宫，早已是身心疲惫，好在那里是他的灵魂栖息地，让他回到诗情画意的情趣里。因为那里，有他的娥皇。

十九岁成亲，到二十五岁登基，李煜的婚姻已至七年之痒，可他依然深爱着这个女子。他们，仍旧是你侬我侬的蝶双飞。

李煜幸运于王座，但毕竟是惹下了刻骨一生的悲情。他真正的幸运，其实是幸运于诗情，幸运于娇妻。这个叫周娥皇的女子，是南唐老臣周宗的长女，擅书画及音律，知礼教，更是人间好容颜。可谓才倾城，貌倾国。

那年的烛灯下，揭开红色的盖头，四目相望，是彼此的惊喜，更是相互认定的山高水长。

婚后，两人万般情倾，他们同在湖岸照影，共沐竹影抚琴，相倚月下等云。日日相守尚叹相见晚，夜夜对望还恨烛光短，每有小别，就像是秋风带雨的凉，惹了李煜声声的相思。

云一涡，玉一梭。淡淡衫儿薄薄罗，轻颦双黛螺。

秋风多，雨如和。帘外芭蕉三两窠，夜长人奈何！

——《长相思》

　　这首词的意思，好像是受了多大的情感煎熬似的，以为李煜和娥皇有过多远多久的分离，其实也不过是娥皇回到父母那里省亲，只有一日的小别而已。李煜，真是一个情痴。

　　他和她，可谓郎情妾意，琴瑟和鸣，时光悠然。两个多才多艺的人，还苦心钻研，编排出了失传已久的《霓裳羽衣曲》。

　　这舞曲，是唐代歌舞的大成之作。是唐玄宗李隆基和贵妃杨玉环的最爱，但这名曲，却也是他们的悲歌，余响里，一个命断马嵬坡，一个落得孤身一人，茕茕孑立，独对寒凉，凄惨离世。

　　说来李隆基是个多才多艺的人，也能识人善任，治国乱，理朝纲，开创了开元盛世，曾经是那么气宇不凡。但一遇杨玉环就骄奢淫逸起来，乱了章法。

　　李煜的确也是一个多才多艺的人，但在治理国家方面，是远远不如李隆基的，如此再沉溺于《霓裳羽衣曲》，可以想象他对国事的打理，是多么的一塌糊涂。此时，他的心里，只有诗词和他的周娥皇。一个灰头土脸的王，只在这里寻找着自己的光鲜亮丽。

　　娥皇，这个绝色的女子，却忽然病卧凤榻。这让李煜焦虑不已，日夜相守，更不惜荒了朝纲。就连那边塞的战报，也无视地扔在一旁，任风吹落，任风吹乱。

心事零落的李煜，呆坐在一隅，无心也无神。她是他的千里江山，她是他的日月星辰。

墙角，一个丑丑的小蜘蛛，游走着吐它的丝。在此时，一个活泼调皮的身影走过来，用手戳破了那蜘蛛网，蜘蛛仓皇而逃。李煜以为是哪个毛手毛脚的宫娥，如此唐突，刚要发作，不想，这是娥皇的妹妹——女英。几年不见，她年已及笄，如苞如笋。

这个天真烂漫的女子，眉眼是云月风情，举止是烟柳轻盈，一下子让李煜困顿的心神明亮了起来。他轻轻放下娥皇病榻前的帷幔，蹑手蹑脚地走了出去。

外面的细雨如新如洗，哗啦啦地冲刷着李煜郁结了许久的心情。他，悄悄开始了与女英的约会。

李煜在国势动荡，娇妻重病的愁苦之时，忽然找到了花香的感觉。一个国主，一个丈夫，此时成了一只留恋在女子身边的蝴蝶。

姐姐娥皇是李煜的初婚，妹妹女英，是否可以说是李煜的初恋呢？如此，或许让人们对李煜有了些许的原谅。

女子的心，是最细腻的丝弦，就算微雨轻风，也会震颤低鸣。的确，尽管病痛让娥皇的心思有些迟钝，但她依然能感觉到自己男人的异样。可她缠绵病榻已久，这使她无处去求证什么，她甚至无法走出后宫的门，然而，她无意间看到了他桌案上的一阕词，证明了她的猜想。

花明月暗笼轻雾，今宵好向郎边去。刬袜步香阶，手提金缕鞋。

　　画堂南畔见，一向偎人颤。奴为出来难，教君恣意怜。

——《菩萨蛮》

　　这是李煜悄悄写给女英的词，道出了彼此偷欢的激动心情。看罢，娥皇心情大恶，重重地倒在了病床上，大口大口地呼吸着。情感的痛，已经远远大于了身体的病痛。

　　历代君王，哪个不与女色无尽缠绵，纵欢于千娇百媚之中？说来一直享尽专宠的娥皇，何不是幸运的？然而面对自己的男人和自己妹妹的偷欢，谁能淡然面对，何况是病中的娥皇。

　　她，陡然病情加重。卧下，再不能起来。雪上加霜的是，她的幼子为了给她祈福，独自在佛像前跪拜，竟然被一只突然窜出的野猫惊吓至死了。尽管宫中将这消息隐藏再隐藏，但还是传到了娥皇这里。如此打击，让娥皇再也无力支撑，终因悲伤过度，而香消玉殒。

　　曾经幸福无边的女子，带着许多的悲伤和不甘，就此离去。是的，每一朵花的凋谢，都让人感伤，但那种命到自然的凋谢，却又是体面的，是安详的。

　　二十九岁的娥皇，芳华正茂，如此离去，实在太过匆忙。但从另一个层面来想，日后南唐国破，她若还在，一定会和李煜一同被软禁于宋国，又会遭受怎样的差辱呢？她的死，其实也让她躲过了另一劫，天国里，她毕竟是那个干干净净的灵魂。

　　丧子，亡妻，李煜千哭万叹，毫无了帝王颜色，悲痛难以自拔。那日渐萎缩的山河里，日渐萎缩的人心里，只有他的悲哀声声。国不是国，王不是王。他，只是个六神无主的人。

　　或许为了深表自己的悔恨，李煜为妻守情三年之后，才正式迎娶了妻妹女英。这终究是喜事，也唤起了李煜的些许精神。这打起的一点儿精神，也不过是他为女英荡动春风里的秋千。朝堂上，他愈加萎靡了，信谗言，诛忠臣，本就危如累卵的国，形势江河日下。

他将自己，将南唐逼向了悬崖。可他又没有向死而生的勇气，只能将臣国的腰身，低下再低下，向宋国朝献着一车又一车的金银财宝，以求偏安寒巢。

李煜，在他的金陵城里，惴惴不安。赵匡胤，在他的汴梁城里，谈笑风生。

他，一个惴惴不安的国主；他，一个气宇轩昂的帝王。

（四）

南京，在历史里，原本是可与长安、汴京、洛阳、北京并立的古都城，但感觉总是少了一口气，这似乎和战国时期楚威王的一个举措有关。的确，他率楚军打进这城，为镇王者之气，在此埋金起陵之后，凡是在这里立都的王权，大都疆土逼仄。几多帝王登场，都不过是昙花一现，匆匆来往，不成霸气。

远的六朝，你方唱罢我登场，后来洪秀全的太平天国，以空前绝后的农民大起义，在这里竖起了民生的国旗，但终因气血不足，匆匆留下一曲分崩离析的悲歌。不远的民国，版图是大了，可是军阀裂土，各怀心事，战火频繁，何尝有过江山的大一统？

的确，明朝是一个个例，这个取日月合辉的王权，在这里稳住了神，算是难得的。

世间，什么样的光芒能盖过黄金？日月之光应该是最无可争议的。取日月之明的明朝，也就在金陵的咒语里站住了脚。

但那咒语似乎还是起了作用，因"靖难之役"空前的伤害，使明初国力大损，稍后迁都北京，从此日月两分，将明朝近三百年的历史，只在南京留了一段序章。一曲三弦曲笛的昆曲，转场成了胡琴鼓板的京剧。明朝，总让人感觉调门有些混乱。

金陵的南唐，虽然最初的发展势头很不错，但渐渐王气散失，为了苟且一方，只好毕恭毕敬地遵从宋国为正统天朝。这片山河传到李煜手中的时候，似乎更没有了底气，只好将贡金年年加码，更加小心翼翼地察看赵匡胤的眼色。

李煜，说是主，但没有高人一等的智谋。说是王，更没有撑起云天的担当。无天之志存高远，无地之纵横捭阖。在那烽火连天的时代，他只能是一个庶人，这时，还是一个王座上的庶人，好在他是一个词人。

父亲李璟是一个词人，李煜当然更是一个词人。诗词的南唐，其实非常像后来的北宋，然而，文艺面对刀枪是束手无策的，最多是几声呼吁和呐喊。所以南唐在声声词曲里江河日下，而北宋，也在那漫山遍野的词曲里，逐渐萎靡。

如此看来，那些红绿的词曲，有些富贵闲人花柳病的意思。不是吗？有了切齿之痛的南宋，才出现了岳飞、陆游、辛弃疾那些人的慷慨悲歌！

李煜，一生就是那七夕的月，半明半暗，从未成长为一轮朗朗皓月，照彻他的山河。他就是那载叹载愁的月牙，守着北风飘摇的金陵，似乎放不下的只剩下皇宫里的缠绵牵挂。他甚至不敢往江北看一眼，看一眼曾是祖业的淮南十四州。那里，大宋的旌旗漫卷，他怕那哗啦啦的声响惊破了自己的胆。其实，他的胆汁正一点点渗出，他只能悄悄地独自吮吸着那苦涩的味道，苟延残喘。

面对着宋朝的虎威，退让，退让，再退让，南唐的格调一降再降。已丧尽国仪，南唐国主的印信也换了，只留着一个"江南国主"的薄名。

废忠臣，废武备，南唐的唐，在李煜后庭花般的词风里，还有谁能把酒与长江同歌，为家园纵马沙场？这里，已无人披得动寒风铁甲。长江在此，涛声如裂，还有谁能站出来嘶鸣和呐喊？

好在还有一个智勇双全的林仁肇，振聋发聩地为国家呐喊着，但也在赵匡胤的离间计里，被李煜一壶鸩酒毒杀了。李煜，一心向佛，是心怀善念的，却不能善待忠臣，似乎也应了上天的报应。多少年之后，他也在一杯毒酒中葬送了自己的性命。

心忧国，却不得善终，还有谁愿意做那个披肝沥胆的人？悲情在南唐朝廷群臣中蔓延，有些人为了将来有一条退路，渐渐开始向宋朝政权眉目传情，暗送秋波。

奸佞降了，忠良已经冤死，人心浮动的南唐，此时已经是最难的日子。

本来一场能挽回战局颓势的"借东风"火烧浮桥之计，却不想弄巧成拙，因为西南风向西北风的突然转变，那熊熊反噬的烈焰，让岌岌可危的南唐大厦，加速了崩塌。

公元 975 年，所谓的决死临江一战，也不过是虚张声势地做了做样子。战鼓在金陵城外一响，李煜就慌忙滚落王座，此时，他依然不曾叹一声南唐的江山民生，不忘最后回头看一眼的，依然是奢靡的皇宫，只是他已经看不到宫娥彩女们那窈窕的身影。

林花谢了春红，太匆匆。无奈朝来寒雨晚来风。

胭脂泪，留人醉，几时重。自是人生长恨水长东。

————《相见欢》

盛时不再，国破如花败。这词，我们可以这样去读。皇袍已经换成青衫，龙辇已成囚车。其实李煜正是在这向北的寒风里，由一个缠绵悱恻的藤蔓草本，渐渐有了筋骨，就像他的词。但，他只是一个藤蔓的木本植物，一生也没能成为腰身挺直的树，而泣血一呼。最后的叹，只是江水一样的愁，好在那叹里，有了鲜明的家国之愁。似乎这是一生柔弱习惯了的李煜，拿出来的最大的勇气。这最大的勇气，就在那月光里，有了长江水的样子，有了许多的波涛，只是那波涛，尽是惆怅。

李煜，囚身于宋国，被赐予了一个耻辱的称谓——违命侯。

在宋国的都城，赵匡胤虽然时常嘲笑李煜，但并未亏待于他。宋太祖南征北战，只是一个马上帝王，对文艺却是特别地喜欢，为此，也就成就了宋朝的词家盛事。

皇帝赵匡胤，词人李煜，如此相安无事着。

谁想公元976年的一个夜晚，本是满天的星月，雨雪却突然而至。一场午夜的"烛影斧声"之谜后，赵匡胤暴毙，其皇弟赵光义登上王位。

宋太宗赵光义，是李煜的梦魇，更是小周后女英的梦魇。

那一天，赵光义以节日庆贺为由，召女英进宫。

那夜，李煜守在烛光下，眼前，摆着一盆栀子花。这花，是一位老臣从金陵捎来的，说是送给女英。那花，此时忽然一朵朵落了，白白的，像碎碎的月光。

李煜，心头一疼。直到烛光将近，女英也没有回来。

那夜，赵光义，强行临幸了小周后。

这是小周后的耻辱，更是李煜的耻辱，更让他们感到耻辱的是，这样的场面竟然被绘成了画卷。据野史记载，赵光义临幸女英之后，还让画师画下了当时不堪的情景，成了流传于世的著名春宫图——《熙陵幸小周后》。

又道是天道轮回，一百多年后，赵光义的后人宋徽宗、宋钦宗及其儿女亲眷，也遭受了这样的耻辱，若赵光义能料到这些，当初，是否会善待小周后？

山河沦陷，最爱的女人也如此耻辱地沦陷，李煜可以说生不如死，对故国更加怀念，也更加痛悔自己当时诸多当政时的失策。李煜悲伤的眼泪如雨。然而，此时的窗外是北方的汴梁，没有雨可打的芭蕉，宽大的叶子只有梧桐。雨打异国他乡的梧桐，更凄凉，更悲伤。

故国明月，相别日久，不知几时能回？这种情绪的流露，惹了暴烈的赵光义不满，他暗暗动了杀心。

七夕，还是七夕。42年前的七夕，李煜沐浴月光而生。那是金陵的月光，那月光，是欢喜的。42年后的七夕，李煜沐浴月光而立，这月光是汴京的，是惆怅的。

不，李煜遥望的，是金陵的月。的确，多情一生的李煜，就是七夕之月，半明在金陵，半暗在汴京。他举杯，无力邀月，月也无处邀，南唐已亡。他将那酒一饮而尽，他明知那酒里有玄机，那玄机就是"牵机"毒。可他别无选择，也许这是最好的选择，千愁万叹最后散去的方式，也许就是忘川河前的纵身一跳。

　　春花秋月何时了？往事知多少。小楼昨夜又东风，故国不堪回首月明中。

　　雕栏玉砌应犹在，只是朱颜改。问君能有几多愁？恰似一江春水向东流。

——《虞美人》

　　故国月明，愁如江流，他无力回天。牵机毒让李煜身体蜷缩，再蜷缩。最后那一刻，他努力挺了一下头颅，想看一眼自己的女英。这位饱受赵太宗羞辱的小周后，正在悲情的曲调里，给他跳着故乡的一支舞。可李煜用尽最后的力气，也没有看到女英的身形，佝偻的脖颈已经僵硬。他，只看到了地面上女英的一抹淡淡的身影。

　　这是他最后一抹故国的月光，淡淡的暗，深深的愁。

　　"做个才子真绝代，可怜薄命做君王。"如此十四字，叹尽李煜这一生。

·柳 永·

凡有井水处，皆能歌柳词

他，毕竟是南方的柳，汴梁已是北方，似乎是气候不宜，他只得在秦楼楚馆里，寻找柔绿软红，如此倒也似春风得意。纵然是心有不甘，几番挣扎，也只落得一个"屯田"之名，怎么看也是田间地头的柳，瘦瘦又寒寒。

（一）

"凡有井水处，皆能歌柳词"，这柳，便指柳永。柳词的传唱度，在宋时，一时无人能及，那是实打实的家喻户晓。

他，似那柳树，东西南北，皆可立地成美，春风依依，飘摇万千绿丝绦。

初知柳永的名，心意立时柳色青青，燕语低回，一片烟雨春色，喜欢。后来，知道他还有名字，叫作柳三变，很是诧异，怎么会有这样一个如此嬉闹的别名？细细了解一下，才知这"三变"，原来是《论语》里"君子有三变：望之俨然，即之也温，听其言也厉"的意思。

柳三变，其实才是他的本名，是父亲为他取的，以期他行止都有君子风范，并有修身治国之能。

如此温和、坦然、稳重的内涵，我却望文生义地理解为浪荡随意。想到这里，立时就起了一身冷汗，深感惭愧。

想一想，一代大词人的名字，哪会像我想象得这么草率？望文生义，一直是我的大毛病。

我曾经很武断地以为，唐伯虎每每出场，手中总是离不了折扇，实在不应该。想那折扇始于宋朝初年，他堂堂一个唐朝才子，手拿折扇，实在是有些荒唐。我心中很是愤慨。

一个"唐"字竟然误了我的判断，谁不知道那唐伯虎是明代才子，手有折扇岂不是理所当然的事？这让我很是尴尬，原本荒唐的是我。

又知道，柳永的老家，竟然是在福建，又诧异。如此人家，应该在烟柳之下，扬州、苏州，或杭州，这样风情万种的江南之地，怎么可能是福建？

我不是说福建不好，那里也美，有很多让人向往的地方。特别是鼓浪屿，尤其让人痴迷。那里无车马喧闹，日夜涛声依旧，是宜身宜心的好去处。

那里，配得上诗人词人倾情。

南方有嘉木在，因为地理和气候各方面的原因，福建各地可以说遍布珍稀木本植物，丘陵和山地中的溪流沟涧边，更是生长着一种堪称国宝的桫椤。但我的心里，还是觉得福建应该是榕树的地盘，毕竟榕树被称为省树，而今天的福州更是被称为榕城。福建，有柳，但应该不是柳色茂盛的地方。

当然，柳也在北方，我也在北方。但我从来没有感觉柳永是北方人。北方的柳，粗枝大叶，哪能适合柳永家的门楣？柳家在的地方，应该是白墙灰瓦的老宅院。村落自在，人家安逸，不刻意，不做作，钟灵毓秀，人杰地灵。

柳姓的男子，为人必定俊朗、飘逸。想那书法大家柳公权，独树一帜的柳体字，一身柳骨，静中有动，不僵不浊，如沐春风般地通透鲜活。就是如此，他，定是柳样的人物。早早中状元，有才华，三十年一直位居朝中高位，八十八岁才病逝，他是一棵有福有寿的老柳。

想那文学大师柳宗元，虽然笔锋多有辛辣，但内心大有民生。举手有云天，投足是厚土。他，也是柳。文字俊逸，似一棵柳的秀气。起点于北方的长安，终点却在南方的柳州。南生北死的柳，可谓仕途坎坷，四十七岁就客死他乡，可谓一棵寒柳。

柳宜，是柳三变的父亲，好像诗词之名并不强盛，但这两字，却是如此摇曳生姿。

他，曾经为南唐官员，想这样一个被"词帝"李煜亲自招用的人，也一定是才情风流。怎奈山河动荡，南唐落难，柳宜这位"南唐旧臣"空有抱负，却不为北宋朝廷重用，只能沉浮在底层的州县官吏之中，四处游走。好在他心如柳性，每到一地，都能落地生根，身心飘逸。但柳毕竟是春发秋败，是乡情之物。官场失意的他，更念南唐，更念李煜。于是心灰意冷，最后一声长叹，收拾起一切，回归了故里。

故里，就是福建。其实，柳宜祖上山西，后来才迁徙至福建武夷山。怪不得有相当的骨气，毕竟洗濯过黄土高坡的风。只是到了柳永这里，才没有了秦腔的味道。

这里，我依然固执地认为，在这榕树环绕的地方，柳宜就此植柳成林，绿荫初起。柳家，就在这柳色深深的地方，绕家掩窗的，是独一片风情的氤氲。

不管有没有柳树掩映，柳家根脉延绵，人丁兴旺。七个儿子，七棵柳树，竞相争春，是枝繁叶茂的一片小柳林。

最小的那一个，就是柳三变。

有了一排哥哥们在前面遮风挡雨，柳三变一路的成长，无伤无痕，也就出落成了一个华美的青葱少年，成了一棵地地道道的南方柳，枝叶飘摇，生性多情。

柳，如何在家门口盘根错节，就算长得粗壮无比，也只能是儿孙嬉戏时的一片荫凉，或者是游子远方念叨的一抹乡愁。这是普通人的想法，柳家却不是平常的人间烟火，是有志向的门庭，他们深深懂得，要想成为栋梁，必须志存高远，那样，才能彪炳千古。

那年，刚刚新婚的柳三变，辞娇妻别父母，踏上了求仕的路。那时，柳色正新，送别的人和出发的人，都那么意气风发。谁知，这一别，竟然就扯断了原本千丝万缕的根络，从此，他成了一棵流浪的柳。虽然看似一身潇洒，却再也无处落根，只有一身红尘，却无一片厚土。至于他百年之后葬在了何处，终没有一个确切的定论。

这实在是一代词人的悲凉，也好，那就当凡是有柳树的地方，就是他的心魂归处。以柳为纪念，也正是他的词情。祖上北方，成长于南方，不管他最终归南归北，也都算是安然吧，更何况他本就是一个无拘无束的灵魂。

（二）

少年的路，都是春风万里，阳光明媚，万花娇艳。

柳三变车马飞驰，舟舸争流，一路神情昂扬，春风满面。江南，无处不美景，可他不敢怠慢。他知道，此去的目的，唯有京城。因为只有那座繁华而富贵的皇城，才能让他实现抱负。柳三变也一直坚信，他一定会被帝王钦点，掌印一方，挺拔成一棵春风和畅的柳，惠及民生，谋划国计，从而名垂史册，成为一棵不朽的柳。

当然，最后的柳永也算不朽了，只是多了随性的妖娆，少了些端正的格调，有格律，却无节律。可以在文艺里大写特写，但在史册里，却难以身正影清。

杭州，毕竟是江南的大美之地，是一个有景、有钱，亦有闲的地方。碧波、云天、奇花、名树、廊桥、名古樯，这一处处胜景里，更频频闪现佳人的身影，或歌，或舞，引无数人折腰。驻足是文人墨客，停车是富贾王贵。这实在是让人流连忘返。

这城，让柳三变放慢了脚步，但他原不想停下来的，因为父亲殷切的教导还响在耳边。他是君子之身，只能做栋梁之材，求仕路上的花红柳绿，都只能是片叶不沾身的景。

此时，他是那个月白风清的少年。

让柳三变停下来的，并不是风情万种的佳人，这颗少年的心，不缺思量。在那时，一个求仕的学子，若能得到有权有势人物的推荐，大都会春风一路，少有波折。

他，也期待一个人的提携，他需要一个人的提携。

柳家，算是书香门第，几代传承里，也不缺在仕途中行走的人，可到了柳三变的父亲这一辈，因为官阶异常低微，又因为是败国旧臣，再加上退守乡野，实在没什么官场上的人情交际。进京求索的柳三变，手里也就没有父亲写给谁的一字半文。杭州，也许会让他能得到谁的点拨和抬爱。他，心有期待。

柳永，停了下来。后来，一路南逃的宋高宗，也在这里停了下来。能让惊慌失措的赵构，安下心来，将这里定为都城，自是气象不凡。

杭州，在中国的历史上，作为大朝代的都城，南宋应该是唯一的一次，也应该是最南方的一城了。风景优美的地方，或许太容易让人沉迷，这就让朝廷有所禁忌吧。

这城，真是旖旎万千，青春飞扬的柳三变，却无心欣赏这景，他在长街短巷里游走，探听着他想要的消息。终于，在迷离的夜色里，他看到了那处五脊六兽的豪宅。那是孙姓官员的府邸。只是朱红的大门早已关闭。三变只好退了回去，但他心中没有失望，他相信第二天的早晨，那孙家的大门，打开后一定一片曙光。他，就是那个踏着曙光，潇洒地走进孙家大门的人。

夜色还没有褪尽，柳三变已经站在了孙家大门外不远的地方。那门，还没有开，而那门环在渐渐明亮起的光影里，显得那么威严霸气。柳三变急匆匆地走上前，可刚刚抬起的手，又放了下来。他一个陌生人，如果就此叩响，那实在太有些草率和失礼了。

柳三变退到了一旁。在等待里，他是一身一心的激动。仿佛自己就是站在京城的大街上，一个才情满满的学子，正等待皇榜张贴，掌心里，紧张得微微发汗。

那门，终于开了，出出进进的，是衣衫亮丽，韵味十足的男男女女。柳三变却被挡在了门外。那倒不是穿着不够光鲜，毕竟这是他选了又选的最满意的打扮。只是，这家门，哪是谁都能随便出进的。尤其是这权贵人家的宅门，更容不得丝毫的唐突。

的确，柳三变除了自己的青春和引以为傲的才情，他再无什么。那门，怎么能轻易为他开呢？

站在杭州人来人往的大街上，柳三变突然感觉自己是那么突兀，突兀得就像一个外来物种，被许许多多的目光，异样地打量着。

三变的心里，第一次有了小小的沮丧。真的，走出家门才知道，不是所有的路都是无沟无坎的坦途。逢山开路，遇水架桥，是一个人生命中必需的勇气和谋略，也是一辈子不能停歇的奋斗和努力。

才情，可以说是柳三变此时唯一的资本，要想顺利走进孙家的大门，也只有以此曲径通幽了。

宋朝，国风和畅，民生安稳，山河上下，以文艺为欢，视出入秦楼楚馆为雅事。更有殷实人家，每逢节庆之时，闲暇之余，总要邀了歌伎舞女入室助兴。这是柳三变的机会。

于是，他撩开了江南名妓楚楚的门帘。那香帷边，果然是一个绝色的女子。面对如醉的红颜，哪个少年不风流呢？少年柳三变，也一下子热血激荡起来。但他明白自己来的目的，他平复了一下心情，从宽大的衣袖中取出了自己新填的词。那词，耗费了他一天一夜的心血。这词事关重大，需要斟酌再斟酌。

这词，的确是他柳三变长这么大，最用心的一阕词。

历史远方的歌伎，绝非只限于色香，无不精通琴棋书画，至少有一门才艺在身，方能为客人宠爱。若只是以青春在欢乐场里厮混，是没有什么身份的，更为王公贵人所不欢喜，鄙视为行尸走肉。只能和一些粗俗下作的人眉来眼去、勾肩搭背，挣些低贱的小钱。

这位叫作楚楚的歌伎，既然名动江南，自然不是平庸之流，在词律上颇有造诣，见三变递过了一纸辞章，自然懂了他的意思。可她，见过的所谓文艺少年太多了，哪有什么诗词之才，都不过是些香艳的浮华语句，尽为讨她欢心而已。然而，这些登门而来的，那都是掏了大银两的，她也要礼貌对待。对于柳永的词，她只能装作认真地看上一眼，这是一阕描写杭州盛景的《望海潮》：

东南形胜，三吴都会，钱塘自古繁华。烟柳画桥，风帘翠幕，参差十万人家。云树绕堤沙，怒涛卷霜雪，天堑无涯。市列珠玑，户盈罗绮，竞豪奢。

重湖叠巘清嘉。有三秋桂子，十里荷花。羌管弄晴，菱歌泛夜，嬉嬉钓叟莲娃。千骑拥高牙。乘醉听箫鼓，吟赏烟霞。异日图将好景，归去凤池夸。

看着这首词，楚楚的脸色，由冷艳，变得温润，随之又变成了惊喜，最后拍手连连称妙。这一刻，相见欢，一个姑娘，一个少年。在这融洽的气氛里，柳永不说喜欢，却道出了自己的心声，他说自己想走进孙府的大门，希望楚楚姑娘从中引荐。

楚楚是一个冰雪聪明的人，轻轻点了头，她说，她懂的。她说，她看了这一阕词，知道他是一个不凡的少年，就决定为他倾心而舞，为他做那个引路人。

这词，写得好。据说一百多年后，北方金国的海陵王完颜亮，读到这首词后，深深为杭州的美景所吸引，于是乎立下了"投鞭渡江，立马吴山"之志，很快就率领铁骑席卷而来，给本就风雨飘摇的南宋，又带来了一场灾祸。好在他在一场风云突变的内部争斗中，被手下人所杀，不然美丽的杭州，或许又多了一道沉痛的刀疤。

楚楚虽然是一代名妓，却也不能轻易走进孙家的大门，她慢慢地习唱着柳三变的词，等一个恰当的机会。

很快中秋节到了，时逢花好月圆，大户人家多有府会，孙家自然不例外，理所当然准备了一场家庭盛宴。作为当地名妓，楚楚自然是欢宴前不可或缺的人物。烛光琴曲里，她霓裳轻舞，似那天上来客，朱唇轻吟，唱起了那首《望海潮》。

这样的名门聚会，总是不缺文人雅士，一时间，座上客无不为这首才情连绵的词曲惊叹，拍案叫绝。曲音刚停，那位孙大人就迫不及待地问道："如此前所未闻的新词，是出自哪位名家之手？"楚楚屈身一礼回道："此乃崇安才子柳三变所作。"

孙大人闻听，诧异了一下，接着又是连声赞叹。中秋时节，桂花飘香，正是折桂的好时节，楚楚选一曲新人的词深情献唱，可谓用心良苦。孙大人何等聪明，他当然懂了，这柳三变，必定是求仕的学子。

于是，柳三变应邀顺利地踏进了孙家的府门。庄院里，几棵高大的桂花树，花也正开。

那时，提携后生是一种世风，更是一种荣耀，很多有品德的大户人家，也愿意如此成人之美。历史上无数名臣权相，初出茅庐时，大都经这样的途径，顺利登堂入室，成就了他们的人生梦想。

虽然是初次相见，但在简单的交谈里，孙大人已经深为柳三变的才华折服，知他日后定然名扬天下，于是，便真情地留他在府中，吃桂花糕，喝桂花酒，这是美味，更是传达美意。不久，孙调任京城，临别时，他对柳三变许下诺言，一定鼎力助他立身朝廷殿堂，成为栋梁之材，并让他等待京城传来好消息。

（三）

杭州，柳三变等待着。等待，是那么让人焦心；等待，是那么让人寂寞；等待，时光是那么漫长。他无心于书卷，慢慢踱出了客栈，不觉间再一次踏进了那片色彩斑斓的光影里，那里，楚楚正载歌载舞。

楚楚的歌是迷离的，楚楚的舞是梦幻的，一切，都是那么让人沉醉。然而，在这酥红软绿里，柳三变却是那样心不在焉。楚楚也不在意，她懂他，知他在等那个京城的喜讯。楚楚尽力用自己的欢心，安慰着三变，并说，以他的学识，早就应是进士之才，一入汴梁，定能高中皇榜，从此仕途一片坦然，官至高位，光耀门庭。

柳三变笑一笑，举起酒杯，和楚楚频频对饮，这里，他有了他一生的第一醉。酒是美酒，人亦是美人。窗外，月光刚刚好洒满桂花枝头，也许，这是吉兆。

那一日，杭州的景色还好，然而北方传来的消息，却似那刺骨的寒风，一下子袭击了柳三变的身心。桂花一样的楚楚，也有些僵。那位孙大人，在京城突然病故。据说，他书案的一角，放着柳三变的几首词。可见那位孙大人，对于柳三变是用心的，是喜欢的。只是老天以这样出乎意料的残酷方式，断了孙大人的用心，断了柳三变的期盼。

等待虽然是焦虑和寂寞的，但毕竟还有希望。最是这希望破灭的寂寞，让人如此地无助和无奈。少年柳三变，一时手足无措，茫然了，心中生出一种颓废。朝朝暮暮里，他在秦楼楚馆里徘徊。这，与其说是一种放纵，倒不如说是一种麻醉；与其说是一种忘情，不如说是一种忘我。

他用一阕又一阕的词，换一场又一场醉生梦死的欢。他不知道，他似乎也忘了，哪里才是出路。一时间，他成为名动江南的柳，和那些红红绿绿的女子，一起摇曳着。

扬州，也有柳，那是平山堂前的欧公柳，名垂史册。只是，那柳更晚一些。

杭州，也有柳，苏堤上的苏公柳，惠国惠民。只是这柳，也更晚一些。

西北，也有柳，沙漠中的左公柳，利军利民，那就更晚了几个朝代。

柳三变的柳，是此间独占鳌头的一段香艳的风流，比那一城的桂花，更名动一时。

这风流，让他醉了杭州，那些歌舞女子，前呼后拥，好似众星捧月。当然也有东府西宅的名门望族诗酒相邀，有酒宴的地方，就有柳三变。可这一切，就像风摆柳，让他无主，让他无根。偶然，他会在这风流中激灵灵打一个冷战，惊出一身冷汗，这，似乎背离了出发时的初衷。

楚楚的眼神，不再为他明亮；楚楚的言语，不再为他甜蜜。这是一个有情也惜才的女子，她觉得他不该如此浪迹年华。有抱负的男子，才是最风流的。柳三变也懂，可他几乎沉溺在这声色犬马里无法自拔。他多情的心，割舍不下这江南的一颦一笑，一羞一恼，一回眸，一转身。他在这里，自斟自饮着这杯鸩毒。

那一日，京城又传来科考的消息，一个又一个学子在皇榜前欢呼。传言说，一个十几岁的少年，竟然为皇帝钦点，一步登科。那少年，是天才晏殊，竟然比他柳三变小近十岁。

这消息，让柳三变醍醐灌顶。离乡日久，沉醉一方，竟然距京城路途还那么遥远，离曾经的梦想那么遥远，是多么辜负了父母和娇妻的期盼？他在羞愧中，离开了杭州，打马北去。青春的柳丝，再次在风中激情飞扬。

　　临别那一刻，那么多的歌舞女子，都是牵衣牵袖，依依不舍，唯有楚楚，朝他点头微笑。去吧，好男儿不应在胭脂堆里醉生梦死。

　　清明，柳色正新，初到京城的柳三变，心情是清爽的，这明媚的景色，这繁华的街市，更激起了他的壮志。他要用自己的才情，证明自己不是那个沉醉迷恋烟雨的少年，而是一个运筹山河的男人。

　　然而，岁月总是让人无法准确把握自己的命运，一些意外常常无意间就改变了人生的走向。此时，当激情昂扬的三变，正踌躇满志地冲进考场之时，忽然接到了家乡传来的噩耗。他年轻的妻，已然病故。他只好再次快马加鞭，回到了福建，忍着无边的悲伤，堆花成坟，葬了亡妻。又回京城，心情却依然满是凄迷，而下次的科考，却要再等几年。他再次流连在舞姬歌女的身边，以此来忘却红尘的烦恼。再一次，用一首又一首词，换那红绿缠绵。

　　勾栏酒肆里，他是那杨柳依依。

　　柳三变在汴梁，忘了故乡，忘了志向。这里，成了他狂欢的城。对于科考的事，心高气傲的他，自是不放在心上，也就荒废了经义，疏离了策论。但他还常常在人前夸口，说自己"定然魁甲登高第"。

　　年轻，的确有资格自信。但不能专心面对机会，那自信也就往往成了让人嘲笑的狂言。

　　柳三变，面对近在眼前的科考，是不曾放在心上的，直到开考的当天早晨，他才从青楼的锦被香衾中钻出来。就这样匆匆走进贡院的他，又灰头土脸地走了出来。他落榜了。

柳永，不思进取，依然恃才傲物，面对花花绿绿的一众女子，更是举杯笑道："大宋若失三变，就是文坛失了半壁。"然后将那酒一饮而尽，又醉入到歌舞之地。再进考场，他又志得意满地打开了考卷，只是眼角一扫，就胸有成竹地以为，一切尽在掌握。可他，再次榜上无名。柳三变深为自己的怀才不遇感叹。想他一个满腹经纶的学子，竟然一次次被拒在金榜之外，实在是有些人有眼无珠。既然不为国所用，好吧，且去民间里自在风流。热血激荡的他，一首《鹤冲天》一挥而就：

黄金榜上，偶失龙头望。明代暂遗贤，如何向。未遂风云便，争不恣狂荡。何须论得丧？才子词人，自是白衣卿相。

烟花巷陌，依约丹青屏障。幸有意中人，堪寻访。且恁偎红倚翠，风流事、平生畅。青春都一饷。忍把浮名，换了浅斟低唱！

这首词，写得的确才情闪烁，一时传唱于京城，让无数落第的学子，得到了安慰，或是给自己也同样找到了这样一个怀才不遇的理由，他们在秦楼楚馆，与歌女与舞者对饮而歌，相伴成欢，寻一种寄托，寻找那种"天生我材必有用"的豪迈。

然而，柳三变这看似平常心态的表述，何尝不是颓废之情的一种传递？年轻，可以狂傲，但岂可以狂妄？

宋朝，大力倡导读书为天下谋，柳三变这样的感叹，实在不为朝廷欢喜。说好了抛却浮名的柳三变，还是再次走进了考场。这次，终于入榜，然而，当宋仁宗赵祯看到柳三变这个名字时，立时就怒了，批道："且去浅斟低唱，何要浮名？"

可怜百般努力的柳三变，就在皇帝御笔的轻轻涂抹里，再次无名于皇榜。

柳三变果然狂傲，高喊着"奉旨填词"，走向了更深的烟花柳巷，做他的"白衣卿相"去了。

左一曲，送给"秀香"；

右一曲，送给"心娘"；

上一阕，写给"英英"；

下一阕，写给"虫娘"……

他为她们泼墨填词，她们为他歌舞而狂。柳三变，食舞姬的胭脂，饮歌伎的腮红，醉生梦死，都是那花红柳绿的相逢。

这些女子，都似那虫虫，食他的叶，咬他的枝，啃他的根，噬他的芯。柳三变不想挣扎，他享受这种颓废，他贪恋这种颓废。在这种颓废里，任自己的心气散尽，任自己的志向委顿。那些曾经对父母叮咛的坚守，那些对亡妻的怀念和愧疚，也都一天天湮灭。他是那风中的柳，任性地放纵着自己的枝叶。这乱乱的狂飞，他却当成生命的高歌。

柳永那些放浪形骸的文字，实在难融于正统之地的清流，但却最适宜灯红酒绿的娱乐场所，是醉生梦死的青楼里的致幻剂。很多人就在这曲调中放纵着，迷醉着，萎靡着，大把大把地抛金掷银。

那一刻，一词醉一城，一曲倾世间。

（四）

浪迹花丛的柳三变，用情写字，用情而爱。这情，是那柳摇曳的情，倾心于那些浮香虚爱的楼台。那些女子，也真心相拥，他是她们的知己，她们是他的红颜。

《醉翁谈录》中载："耆卿（柳三变）居京华，暇日遍游妓馆。所至妓者，爱其词名，能移宫换羽，一经品题，声价十倍，妓者多以金物资之"。

一个青楼女子，若结识了柳三变，得一阕新词，其身价会暴涨十倍，这怎么不让她们痴迷，于是一众烟粉女子高唱道："不愿君王召，愿得柳七叫；不愿千黄金，愿得柳七心；不愿神仙见，愿识柳七面。"

柳七，也是柳三变的名，因家中排行第七而得。

然而，这样的情爱，终于不能安稳。一曲欢歌落下，柳三变独对窗外寒月的时候，也生惆怅。才情满身，怎堪如此随了浮尘闲云，这不是男儿志，谋福一方，其实才是他心底真实的抱负。浮浪的少年，在蹉跎的光阴里，开始了更多的沉思。

别说是宋仁宗误了他，赵祯一生仁爱，宽待臣下。在他这里，容得下霹雳耿直的谏臣包拯，也肯提携出身卑寒的狄青。

相传包拯上谏的时候，一时激动，竟然一步步向前，靠到仁宗的近身，飞溅的唾沫喷了这位皇帝一脸。可仁宗只是用衣袖轻轻擦拭了一下，也不恼，依然微笑着静静聆听着。这样的不礼之臣，换作别的皇帝，不说拖出去斩了，至少也会赏他五十大板，贬谪到荒远的地方更是可能。

再说狄青，原本是一个卑微军卒，但因屡立战功，官路也就一路飙升，宋仁宗甚至把他任命为副枢密使，一度要提到宰相的高位。一个武将，几乎胸无点墨，得到如此宠爱，这在重文轻武的北宋，是绝无仅有的，是唯一一个例外。

在宋仁宗的治下，名臣辈出。他算是一个知人善任，任人唯贤的皇帝了。

　　在这个宽怀的时代里，柳永郁郁不得志，实在是一种遗憾，说起来怨不得宋仁宗，更多的是和他太过随性的性格有关。理智，是成就事业的基本格调。

　　柳永的理性太少太少，脂粉之味，让他总是失了分寸。

　　与歌伎同欢，赴青楼寻趣，在当时虽视为雅事，但像柳三变如此放纵其间的，实在再无他人。别人也有艳事，但不过是闲来一求，偶尔有欢，是有节制的。而柳三变的艳事，却是不分晨昏，不分四季。别人也写艳词，但不过是艳到衣衫，而他的词，却是艳到肉体。就这样，一个原本想以君子"三变"立世的他，却得了"庸俗、低俗、媚俗"的"三俗"之名。他，实则是青楼女子荡秋千的那棵柳。

　　以这样的格调，走向官场，实在是难。

　　柳三变，毕竟是南方的柳，汴梁已是北方，似乎是气候不宜，至于柳宗元和柳公权为何成为一时风云人物，一是因为国风不同，彼时是唐，此时为宋。二是因为他们本来就是北方的柳，一是陕西，一是山西，长安虽然比汴梁更北一些，但对他们来说，却是适宜的。三变则不同，作为南方的柳，父母断了钱粮，皇帝断了仕途，这样的清寒他是适应不了的，秦楼楚馆，也就成了他想要的那种软软的暖。

　　可他，毕竟是不甘心。

　　相传柳三变为了仕途上能有所突破，曾经求到晏殊门下。晏殊并没有多少热情，只是随口问了一句："近来可有诗词佳作？"面对这个比自己小近十岁的宰相，柳三变展露出了自己柳样的媚性，急忙答道："只如相公亦作词曲。"就是说，我也偶尔学学您的样子，填几首词。晏殊立时就寒了脸，道："殊为词，何曾言'彩线慵拈伴伊坐'？"这意思很明白，你那俗不可耐的辞章，也能和我比？

如此，柳三变尴尬地退出晏府，也就在意料之中。

病急乱投医的柳三变，又去献媚于另一位并非贤臣的吕夷简。一阕词写得华美无边，极尽奉承之意。但柳三变自感这词并非出于本意，信手又写了一首对吕深为不满的辞章，只想自己发发牢骚。只怪他太过大意，匆忙中竟然将这首诗也一并送到了吕府。前一首词，让吕夷简心花怒放。后一首词却让吕夷简大为震怒，自然不会在皇帝面前为柳三变说上半句好话。

好在宋仁宗还是原谅了柳三变，给了他一个机会。

那年，再开科考，柳三变自知自己的名声不为官场喜欢，便以柳永之名填了考卷。久居皇城的柳三变，他的行文风格早已为人熟知。主考官和宋仁宗不会不知道，这柳永就是柳三变，不过这位皇帝，觉得一个靠女子周济的人，几十年来很不容易，也没面子，就想给这个五十岁的老男人一次机会。他原本要勾画的朱笔，也就没有落下，于是，柳永就此登上了皇榜。

柳永自是欣喜若狂，自以为可以一展抱负，他再一次施展柳性的媚功，给宋仁宗献上了一首歌功颂德的词。这词，的确是文采飞扬，于常人看来，自会拍手叫好。然而，在赵祯这里，却犯了多处的皇家大忌，立时惹了他心头大怒。

说来宋仁宗算是慈仁，并没有将柳永废为庶民，给了他一个偏远之地的低层闲职，轰出了京城。

回首汴京，几十年蹉跎如流水，也似乎只有那片烟柳之地，有些留恋。于是，柳永叹道：

寒蝉凄切。对长亭晚，骤雨初歇。都门帐饮无绪，留恋处、兰舟催发。执手相看泪眼，竟无语凝噎。念去去、千里烟波，暮霭沉沉楚天阔。

多情自古伤离别，更那堪、冷落清秋节！今宵酒醒何处？杨柳岸、晓风残月。此去经年，应是良辰好景虚设。便纵有千种风情，更与何人说？

京城的别情，成就了柳永这首千古传唱的《雨霖铃》。他也相思，他也留恋，可除了这胭脂之地，再没有一个地方可以诉说衷肠了。柳永，他是一个人离开京城的。

如此一去，混迹于底层，柳永实在心有不甘。据说，他在赴任的路上，特意去拜访了范仲淹。虽然当时范仲淹被贬，但依然是掌印一方的大臣。柳永此次借道，大有"借道"之嫌，再一次献上了自己的媚词。然而，"先天下之忧而忧，后天下之乐而乐"的范大人，是务实于国计民生的，实在不屑于与半生醉红卧绿的柳永为伍，这次见面的结果，也就可以预见了，怕是连残酒冷茶也不曾有。那是一场尴尬的相见。

想一想，柳永和范仲淹，也实在不应该在酒筵之间，举杯同欢的，一个是满身的脂粉腻香，一个是满身的浩然正气。

柳永挣扎了一生，也不过混了一个"屯田"闲职，怎么看都是一棵站在田间地头的柳，瘦瘦寒寒，孤孤单单，了无江南柳的潇洒。

好在他诚心谋福一方，短短几年，就被列入了名臣录，也算终于展现了男人的傲骨。但不管他如何勤勤恳恳，兢兢业业，终究不能为朝廷青睐，只能在穷乡僻壤里清寒着，困顿余生。

　　好在他还有名伶相怜，在他无亲无故的葬礼上，披白戴素，为他筑哭成坟。传说更有一位真情的女子，愿以死相随，遂以命扑地成花，岁岁年年在柳永的坟前盛开。

　　然而，这女人花年年开的柳永坟，却只在传说之中，山山水水里却不见他一缕隐约的影踪。也就让今天的人们，都在问，他到底魂归何处？其实，问不必问，答不必答，一代风流才子，应该就在那南南北北的烟柳一方，如他的词。

·晏殊·

太平宰相的花落之殇

若人生是一场欢宴，他欢喜着，但又不是那最贪杯的饮者。若人生是一场旅行，他从容着，是那最值得的过客。珠圆玉润一辈子，看着是收放自如，其实他只有收，哪曾有放？他，独自徘徊在香园小径，多少心事无人知。

（一）

晏，不是大姓，在百家姓里排名中后，应该人众不太多吧。至少在我的左右，没有遇到过晏姓的朋友。据说当今晏姓人口，也不过几十万人，在姓氏排名中已经在二百位开外，大多居住在湖北、四川、江西等地。

但在宋朝，却有一个最幸福的大人物，他，就是晏殊，他的老家在江西。当然，那时还有一个重要的人物晏几道，他正是晏殊的小儿子。而这位在诗词上可以说盖过了父亲的才子，却一生坎坷，命运多舛，比起父亲的福气，可就差太远了。

每每念及晏殊，总感觉他是一个形体圆润，肤色白皙的男人，眼不大，声不高，不张扬，知进退。这里，总让我想起丰润圆满，爱晒太阳的多肉植物，收也不蜷缩，放也不张扬。

他有词集，叫《珠玉集》，他的一生，当也是如珠如玉。

果然，他少小有才，被人视为珍珠，推荐给了皇帝。从此，日子明亮起来，珠圆玉润，悠然一生。风是别人的风，雨是别人的雨，他独享诗酒，自在花间，安然月下，专心潇洒，不负每一寸光阴。

晏，安然，柔婉，又有宴席的意思。晏殊这一生，真是无愧了这一个晏字，岁月优雅是他的常态，歌欢酒乐是他的常情。

优雅，但又不刻意超拔；宴乐，却又不沉溺尘下。有度若珠，有格似玉，好一个圆润的人。

当然，他也有爱，爱却不肝肠寸断，因为他懂得"不如怜取眼前人"。若一别，不知谁是谁的谁，何必悲断肠？当然，他也有恨，恨却不咬牙切齿，因为他懂得"似曾相识燕归来"。又相遇，更伤春。

真的，自从那年他踏着和风步入了皇城的考场。从此，他就一路春风得意，成了那个"太平宰相"，富贵闲人。

汴梁，也算是一个北方的城市了，说来四季分明，更何况皇帝的脸色瞬息万变。可这晏殊，却能左右逢源，四季如春，他真是一个能臣。

看晏殊的词，不浮于云端之上，不沉于泥尘之下，半有雅气，半有俗烟，这正是人气。常言道，文如其人，在他这里更明显一些。这天地之间的词义，也正是天地之间做人的道理。

好个晏殊，词做得明白，人，也活得明白。

夜里，点了烛灯，夜也就算不得夜，就是这半透明的光影，是他的最爱。想一想，挺有意思的，那珠和玉，不正是这种状态吗？

这正是他做人的质地，既要圆润，也有一定的定力，文文雅雅的，虽然不能镇国，做了镇纸却是恰恰正好。

宋代，抑武扬文，要的正好是这镇纸，他也成了帝王的偏爱，成了圣上手边的欢喜，时时摩挲轻拿轻放。

帝王的龙书案边，哪会有什么风雨呢？晏殊的一生，就这样不慌不忙地安然着，在皇城里，步履轻盈。在宋朝那个优雅的时代，他是太适合了。棱角分明的人，谁能一生圆润呢？他是早早收了个性的人，所以深谙富贵之道。

宋人吴处厚的《青箱杂记》中记载：

晏元献公虽起于田里，而文章富贵，出于天然。尝览李庆孙《富贵曲》云："轴装曲谱金书字，树记花名玉篆牌。"公曰："此乃乞儿相，未尝谙富贵者。"故公每吟咏富贵，不言金玉锦绣，而唯说其气象。若"楼台侧畔杨花过，帘幕中间燕子飞"，"梨花院落溶溶月，杨柳池塘淡淡风"之类是也。故公自以此句语人曰："穷儿家有这景致也无？"

如此楼台杨花，梨花院落，这是何等富贵大气象？晏殊，就在这大气象里独自徘徊着。

若人生是一场欢宴，他欢喜着，但又不是那个最贪杯的饮者。

若人生是一场旅行，他从容着，是那个最值得的过客。

（二）

那年初到京城，少年晏殊，坐在考场中，比起那些身边的大了许多的仕子，少了红尘烟火气，少了功利心。十四岁的他不慌不忙，那分天真的端庄，惹了宋真宗喜欢，当即要赐"等同进士"出身。

这时，寇准站了出来，他说自古各朝各代都不重用南方人。晏殊，乃长江以南的人，不能这么厚待他。也有老臣随声附和道，的确太宗有训，"南人不得坐吾此堂"。

据说，赵匡胤的确说过这话，并将这话刻石，立在宰相们处理国家大事的衙堂上。

寇准，是个人物，若非他当初据理力争，北宋怕是早就国碎。

那时，辽军的步步紧逼，让宋真宗乱了心思。

世间常说，事不过三。眼前的诸多大事都在眼前。想那富丽堂皇的唐朝，到了三代，李家的江山，横生枝节，被武则天改了国号。宋朝前身的后周，历经了三帝，就被他们的禁军最高统帅，以"征袍换龙袍"的方式谋取了山河。还有南唐，也曾经何等强盛，一时为十国中最大的政权，更有复兴大唐的雄心壮志，但也不过传到三代，就被他们大宋所灭。

三，难道也是他们赵家的劫数？

宋真宗的确是慌了，他和群臣们生出了退避南方的打算。此时寇准站了出来，慷慨陈词，力主皇帝御驾亲征，这才挽住了兵败如山倒的颓势。

宋兵人多势众，却奈何不了辽军骑兵的忽来忽往。辽军骑兵的确迅捷，但面对宋兵的人海，也只能闪转腾挪，避实击虚。如此多年进退来往，双方不堪劳民伤财的这种战事，先是辽人提出了和议，宋国也自然乐意。最终的结果是，宋朝和辽国签下了岁供三十万两财物的和约。

那时，群臣是欢呼的，皇帝宋真宗也是欢呼的，以区区的钱粮，换一片太平光阴，那是幸事。宋朝，缺少真正的斗志，却从来不缺钱财。

待一切平息之后，有人细细审视这份和约，觉得不公，宋朝以万乘之军出击，竟然以赔钱赔粮屈服于几千骑的北蛮之人，实在是大辱，并将声讨的矛头直指寇准。

"澶渊之盟"并不是寇准的本意，一些人责怪于他，实在不该。

辽人兵临城下的时候，连大气都不敢喘的那些人，此时却连连发难，不知他们是如何张得开口的？

然而，正是这样的指责，让寇准背上了这样的是非。宋真宗为了撇清自己，似乎也有意无意地淡远寇准。

寇准，为宋真宗赢了一片江山，却输了自己的一片前途，让人感叹。也对啊，哪有错的帝王，只有错的臣子。

晏殊进京的这一年，正是"澶渊之盟"后的一次科考，寇准虽然还身在高位，真宗已经与他有了些疏离。当听寇准说不可重用晏殊的时候，便不软不硬地回道："想那唐朝的张九龄，多么忠正有为的一代名相，他不也是长江以南的人吗？"

张九龄，广东韶关人，那可是够南方的。他一生忠正贤良，不附权贵，是"开元之治"的大功臣，一代名相。

"澶渊之盟"的对错，暂且不说。但就寇准此时用人的思维判断，实在是太过僵化，若依了他这种强烈的地域偏见，差点世间就少了晏殊这个"词人宰相"。据说在寇准主持科考的时候，就特别偏爱北方人，而无视南方人。

再说晏殊，他这晏姓祖上向前追溯，竟然到了齐国的晏弱、晏婴，这二人可是春秋战国时期，有胸怀、有谋略的能臣。齐国，那可是实实在在的北方。晏殊，有南方人的圆润，也有北方人的方正，他应该是有北方血脉的。

当然，晏姓的初起，还有多种说法，但这一古老的姓氏，已有几千年的传承，然源头都在北方。其实以晏殊的学识，有足够的理由为自己辩解和反驳，但他没有，只想用自己的学识，来打动他的帝王。人不分南北，才不论老幼。

晏殊，的确让宋真宗更加惊喜了。

两天后，要进行诗、赋、论的笔考。当晏殊扫了一眼刚刚发到手的试卷，立刻就上奏道："皇上，这些问题我刚刚温习过，如此，测验不出我的学识，还请另出新题吧！"

宋真宗默默称赞，依了他。

面对新的考题，晏殊笔如游龙，依然解答得从容精彩。

宋真宗赏识晏殊的才学，更欣赏他的人品，他看了一眼旁边的寇准，嘴角掠过一丝笑意，马上赐晏殊"擢秘书省正字，秘阁读书"。

少年晏殊，从此岁月锦绣。

宋真宗喜欢上晏殊，就有些爱不释手的味道。那年晏殊回老家奔丧，还没等丧期期满，就被急急匆匆地招了回来。再后来，晏殊的母亲病逝，宋真宗竟然直接拒绝了晏殊服丧的奏请。晏殊也很无奈，"自古忠孝难两全"，他也只能以这种方式宽慰自己。

喜欢了，就一发不可收拾。宋真宗很快委任晏殊为"太子舍人"。这官职品级不高，却颇为重要，甚至能产生朝代走向的影响。

这个决定，让文武百官颇为惊讶，都觉得太出乎意料了。岁在风华的晏殊，各个方面还不够厚重，没有资格担当这样的职位。

宋真宗只是浅浅一笑，也不回答，只是私下里召见了晏殊，并感叹道："朕多次派人默默考察，散朝之后，各大臣多是沉溺于伎乐宴欢，唯有你在书房里闭门苦读。你这般严于律己的品性，太适合做太子的老师了。"

晏殊急忙回道："为臣深感惭愧！皇上，其实我也极其喜欢酒欢歌乐，只是家资太薄，无力消费。若是囊中丰盈，我也会和同僚们一样，贪欢爱酒。"

如此毫不粉饰自己的品性，这让真宗更加佩服了。在他的心里，应该也是希望自己的儿子，将来能成为这样积极而不油腻，温润而有质感的真性情人物。

还别说，长大后的宋仁宗，一生仁善宽简，还真有些晏殊的味道。毕竟在他成长的路上，曾经有过晏殊这样珠玉之人的长期相伴。

那时，陪太子赵祯读书的，除了晏殊，还有蔡伯俙。

晏殊，被称为神童。而这位来自福建的蔡伯俙，似乎更加神奇，小小年纪就对儒家经典多有涉猎，一篇佶屈聱牙的古文，竟然能达到过目不忘的境界。三岁入京参加科考，门监见他骑在父亲的脖子上，便说："你骑父作马。"小伯俙张口回道："父望子成龙。"其机智聪慧可见一斑。童子科考场上，他深得真宗赵恒喜欢，并亲自作诗称赞。

不足四岁考取了功名，真是超级神童。如此和晏殊一起被派往太子身边伴读，的确应该。

这里，不禁有些疑惑，晏殊生于991年，蔡伯俙生于1013年，两人相差二十多岁，竟传他俩为同届童子科考生？似乎有些荒谬了。

这，不知错在哪里，也许是有些记录者的无端臆想。

是历史远方的哪片烟雨，湿了这纪年的笔墨？还是哪一场风云，错乱了他们的背影？

很多历史上的错误传言，只是为了另一个故事的圆满。好吧，我们就原谅这无伤大雅的错，不必细细追究。

陪在太子身边的这两位，应该一个是师，一个为友。不管怎么说，他俩的才学是得到帝王认可的，都是人中凤雏。但他们伴读太子的态度，却大相径庭。

那时太子还小，一片玩儿心，哪有读书的定性。晏殊多是耐心相劝，不断激励，并且指正纠错，不遗余力。蔡伯俙却是曲意逢迎，诺诺称是，极尽谄媚之态。甚至常常伏在地上，以供小太子当作出入门槛的垫脚石，实实在在的一副犬马相。

有一次，宋真宗突然出题，要查验赵祯作文的功力。这位太子有些慌了，毕竟平时疏于笔墨，实在是心里没底，他急忙求晏殊代笔，晏殊连连摇头，坚持不肯。蔡伯俙却自告奋勇，为太子替写。晏殊极力阻止，两人却嬉嬉闹闹，不听劝言。在晏殊心里，这自然不可姑息，宋真宗如期来验看时，晏殊当场就揭穿了他们的把戏，为此，赵祯被真宗好一通训斥。

赵祯记恨在心，待宋真宗离开后，竟然说："有一天我若当了皇帝，必定杀了你晏殊。"

晏殊凛然地回道："就算是杀了我，也不说假话，不做假事。"

那时，太子喜欢蔡伯俙更多一些。

不过，经过父皇赵恒的训话，赵祯开始学习认真起来，倒也收了许多的玩心。

宋仁宗继位掌权之后，将晏殊留在身边，并委以重任。却将蔡伯俙弃之一边，给了他一个不咸不淡的职位。这，有些让人出乎意料。

蔡伯俙深感委屈，言语里多了些抱怨，甚至当面质问赵祯。

宋仁宗正色道："那时我年少，不懂是非，惹些荒唐也就罢了。如今我打理江山，哪能再草率任性？所以，必须重用有德有才的人。你和晏爱卿相比，不输才学，只是稍微输在德行。"

　　蔡伯俙听罢，羞愧难当，退了出去。

　　"稍微输在德行"，这话够客气的了。如果说，以那时蔡伯俙也年少，只有玩心，心智不如晏殊成熟，还能为他搪塞一下。但后来，蔡伯俙依然是世故油腻。为此，到老也不曾被重用也就可以理解了。如此看来，这德行输的可不是稍微的事。

　　很多东西，是心性深处的，本质决定未来。

　　晏殊和蔡伯俙，都是少小成名，学贯古今。但一个重权加身，一个却碌碌一生，究其来说，是真诚与虚伪的必然结果。可话又说回来，蔡伯俙比晏殊多活了三十多年。如果说晏殊有福，那蔡伯俙有寿，是不是也可以说各得其所？

　　人这一辈子，真是说不尽的福祸奇妙。

　　晏殊，一生安然，但圆润和圆滑是两回事。他，一直是有立场和品格的人。

　　他，藏棱角于内，置品格于心，正是珠圆玉润的形神兼备。好一个晏殊，能做到这点，实在是世间少有，"殊"实不易，"殊"实难得。

　　宋仁宗继位时，只有十三岁，还不能自主把握国家大事。于是，朝堂上，两大派系官员争论不休，以图自己这方的意图主导江山。一时间，搞得乌烟瘴气。如此吵吵嚷嚷，让小小的皇帝，更是六神无主了。

　　此时，晏殊分开众人，站了出来，立身朝堂，提议皇太后刘娥垂帘听政，气定神闲之间，理顺了朝纲。

　　乱哄哄的朝堂，立时清静了下来。后宫的刘娥，就这样被请到了前殿。

　　刘娥，原是父母双亡身世凄冷的孩子，以她这样的身世，大多沦入勾栏瓦舍成为歌伎。还好，她早早嫁给了一个小银匠。这位小银匠不甘心在老家受穷，千里迢迢来到了汴京城谋生，怎奈异地他乡，生意更不好做，要强的刘娥真的就做起了歌伎。就此遇到了爱听戏的刘恒，并将她接进了府中。

刘恒即位之后，刘娥也仅仅是以一个美人的身份入宫。出身低微，又加上孤苦于世，刘娥深知隐忍，在皇宫不事张扬，不与任何人争宠，但又一步步稳定自己的地位。最后以一出"狸猫换太子"的计谋，终于成功上位，坐上了皇后的宝座。到了宋真宗后期，已经掌控了赵家江山的命脉。宋仁宗即位时，刘娥风头正劲，借了晏殊的谏言，便正式走到了幕前。

刘娥主政朝廷，也的确有利于宋仁宗的成长和时局稳定，但到了宋仁宗成人，她却依然不肯放权。人说，解铃还须系铃人，晏殊应该站出来说句话，但他没有，似乎多年在仕途中的摸爬滚打，使他少了锋芒，为此也就三缄其口。甚至对自己的学生范仲淹，提出让刘娥还政帝王的建议，还表示出了强烈的不满。在这里，他彻底开始展示了自己的珠圆玉润。

好在刘娥病亡，宋朝终于算是平顺地转变到了宋仁宗时期。《宋史》赞曰："传曰：'为人君，止于仁'，帝诚无愧。"赵祯时代，为"仁宗盛治"。他的身后，北宋，气势渐弱。晏殊，就在这个盛治时代，如鱼得水、如日中天、如珠如玉。

（三）

晏殊圆润一生，步步高位，自然富贵加身，正如他自己所说，一旦富贵了，也一定诗酒歌舞。

他，是这么说的，也是这么做的。

每有客来，必然酒宴相待，烛红酒绿，香歌粉舞，尽兴狂欢。

因为他的好客总是太过突然，常常让下人手忙脚乱，准备不足。晏殊也不急不恼，任客人们安然入座，案设空案，杯设空杯，一边听歌赏舞，一边吟诗答对，慢慢等待酒菜丰盈。

晏殊，是宴席的主人，但不做宴席的主角。每每杯空席毕，舞尽歌止，他才抻开纸张，提了笔管，说道："朋友们，你们都尽兴了，那该我献上几首小词了，以示宾主同欢。"

> 一曲新词酒一杯，去年天气旧亭台。夕阳西下几时回？
> 无可奈何花落去，似曾相识燕归来。小园香径独徘徊。
>
> ——《浣溪沙》

他就是这样，不张扬于人前，不求那种众星捧月的簇拥，却成了让众人喜欢的那枚珠。不抢风头，却成了压轴的那块玉。

他是那个最懂得儒家中庸的人，格调不偏不倚。

没有冲天之乐，也没有伏地之悲。

这是他的词义，也是他的人生。

晏殊，就如那杯不动声色，温文尔雅的酒，一切情怀都在规矩之中，都在方圆之内。他少有怨怒，对于质疑和责问，他多是充耳不闻，一笑而过。

据说，一次冬日，晏殊邀朋友们赏雪。宾朋们欢聚一堂，写诗填词，一片歌舞升平。欧阳修当时也写了一首诗："主人与国共休戚，不惟喜悦将丰登。须怜铁甲冷彻骨，四十余万屯边兵。"

这样的讽刺，真够冷彻骨的。新年刚刚开始的盛时，面对这样的尴尬，晏殊的脸色也只是稍稍一寒，继而又举杯笑了。

尽管如此，晏殊并没有难为欧阳修，还多次提拔，但耿直的欧阳修，却常常让晏殊难堪，特别是在晏殊遭受弹劾的时候，不曾温情相待，这终于寒了晏殊的心。后来，人们在他面前提起欧阳修，晏殊只淡淡地说："一知举门生也。"

欧阳修的家国情怀，的确让人感叹，但作为被邀请的学生，在自己老师的宴席上慷慨陈词，终归是不妥当。如此棱角分明的个性，才让他一生三起三落，待他后来悟透了世事，终于归于达观，感觉对老师有愧。就特别在晏殊的身后，写下了许多怀念的诗文。

但这一切都无可挽回，一个"北宋倚声家初祖"，一个"古文运动"的新领袖，晏殊和欧阳修，两大文化名人，散了交集，实在是莫大的遗憾。

晏殊圆融于世事，整天一个笑呵呵的模样，怎么看也是一个好脾气的人。然而，《四库全书》说他："晏同叔赋性刚峻，而词语特婉丽"。

他，并不是一个没有脾气的人。

有一次，晏殊外放做官，送别的宴席上，气氛自然不是那么欢快。歌伎当然也应了那景，唱了一些伤感的曲子。谁想，一句"千里伤行客"，竟惹了晏殊的恼，他道："我一生都不曾离开京城左右，何来什么'千里伤行客'，真是荒唐。"

的确，晏殊的一生，可以说细波微澜，少有波折。就算惹怒了皇帝，也不曾将他贬至荒山野岭，大都是京城附近富足的州郡，真说不上千里的伤。

当然，这唱词里的千里，并非遥远，只是表达了离愁别绪的深深忧伤。晏殊当然是懂，他这一怒，也不过是发泄一下内心的压抑。多么圆润的人，也需要适当的怒来平复无奈的情怀。

这一次，晏殊不过是恼了几句重话，而下一次的怒，他却是动了手。

据说，那次晏殊在家中举办宴会，他的小儿子晏几道，穿梭于桌椅人流之间，吟诵着各家诗词，博得了满座宾朋的阵阵喝彩。那时，柳永的词响彻京城，晏几道当然也学会了不少，晏殊听着觉得越来越不是滋味，脸色渐渐变了。当他听到儿子唱出那句，"酒力渐浓春思荡，鸳鸯绣被翻红浪"的时候，再也坐不住了，上前就给了儿子一记耳光，骂道："混账，如此肮脏的东西也能唱？"

晏殊的恼，多在酒席之间，都会为人原谅。他恼那句"千里伤行客"，虽然有怨，但更含感恩，不怨于国，感念于帝王的厚爱。

又恼于"绣被翻红浪"，是他不齿于香艳至俗。他，一辈子虽然喜欢酒宴之乐，但多恋家宴之欢。纵然放浪酒中，却不曾忘形，待曲终人散，总是将杯盘桌椅收拾得工工整整。

偶尔放逐于酒楼歌馆，总是适可而止，决不沉溺。在最恰当的时候，转身离开，走回晏府那庭院的灯火。

他的怒，似乎更彰显了他的人品，更挺拔了他的名节。

但有一怒，却在酒席之外，为此也失了他的格，也惹了帝王的怒。

有一次，他正准备随宋仁宗去"玉清昭应宫"，却忽然发现仆从没有带上笏板。笏板，这个可视为实用器，更为礼器的东西，是大臣在朝堂上不可离手的物件。这，怎么可以忘记呢？

晏殊是真的怒了，待仆人满头大汗拿来的时候，他接过笏板，反手就打了过去。不想这一下，竟然打掉了仆人的几颗牙。

朝堂上，一直找不到晏殊茬口的政敌，趁机参了他一本，说他晏殊身为朝中重臣，竟然这样对待自己的仆从，不仅有失体统，更是愧对朝廷的恩宠。想那太宗时的一位要臣，因为责打下人而被革了职。对于晏殊，决不可姑息。

仁宗虽仁，但也没有话说。为此，也就御笔一挥，罢了晏殊的宰相之职。

这一怒，是晏殊最大的劫。

然而，帝王对晏殊却怎么也怒不起来，至少从来没有过怒从心头来的时刻。所谓的怒，多是虚张声势。因为晏殊，实在有一个可爱的形，一颗可敬的心，他是众人喜欢的珠玉品质。所以，没过多久，一道好言好语的圣旨，又将晏殊召回了朝堂。晏殊，一直很被善待，就算他晚年已经不在宰相高位。但待遇、随从、仪仗等，依然如初，不曾降了规格。

掌上是珠玉，匣中还是珠玉，美美的晏殊，美美的一生。

（四）

或许是早年的时候，在好日子刚刚到来的最初，多位亲人相继别世，晏殊就将一切的心痛都陪葬给那些至亲的人。所以，他一生从不肯用情太深，只守一个活在当下的"真"字。

想晏殊一生，久居高位，门生众多，著名的就有韩琦、范仲淹、欧阳修、宋祁、王安石等。这些人大多仕途坎坷，贬谪四处。在那个文人送答的时候，却几乎不见晏殊和他们的互动，有的只是酒宴上的举杯相欢。

或许在他的意识里，怀有苦，日子就苦。而他也以为，心有情，则多生纠葛，多有是非。

晏殊一辈子三次娶妻，前两位夫人的次第花落，至深的心痛都归于了淡然，可以说痛到无痛，也痛到无欢，再没有一场浩大的悲伤和欢喜。也曾追思向远，但他总是回归现实，收于无锋，给自己一个立身当下的理由。

晏殊也侧帽风流，但他不肯用情于一隅。他写相思，他写暧昧，是悠远的，是绵长的，浮光掠影中任谁都可以遐想，但又回归到当下。让人着实猜不到他心中的那个谁，也猜不透他心中的那些事。

一向年光有限身，等闲离别易销魂。酒筵歌席莫辞频。
满目山河空念远，落花风雨更伤春。不如怜取眼前人。

——《浣溪沙》

浮生匆匆，落花成伤，让人叹息，但若沉溺于过往，岂不负了当下？这样，会让更多都变成了怀恋。小院里徘徊又徘徊，那些都是如此虚幻，还是一转身，回到珠帘闪动的门楣里去吧。

他的情，都在当下眼前，但又显淡远疏雅。

是的，晏殊也曾用情，好像那是他难得的一件情事。

相传，他曾与家中的歌伎生了爱，但因夫人不满，便决定放手，将那位歌伎逐出了家门。然而，一位好友在宴席间又说起那女人的诸多好来，这让晏殊柔情又起。于是，他放下酒杯，急忙命人将那位歌伎召了回来。

这，几乎是晏殊情爱之中唯一的一次波澜，但也仅此而已。召回，也没有太多缠绵。那女子，是宴前的歌者。他，是宴席间那个举杯的看客。

一段情，也仅存在于这不远不近的距离。这，是他的情事；这，不是他的艳事。

词风奢靡的宋代，文采的华丽的确能为自己赢得不俗的地位。但过于专注脂香粉色，怕也只存名声，而无财富。和晏殊同一时代的柳永，就是一个真实的例子，他词名的声誉，晏殊无可比拟。但一个少年，早早就醉心于秦楼楚馆，写起床帷之事极尽笔墨，洋洋洒洒直达被衾之底，实在太露骨了。

柳永，起于才情，也毁于才情。

贪欢，人之常情，但文字只可浅尝辄止。太过，也就为文艺清流所不屑，更为政客所不齿。不要说他一个毫无功名的"白衣卿相"，就是欧阳修这样的人物，稍有辞章偏向于闺阁，也就为人所讨伐了，从而使仕途几遭坎坷。

晏殊，一生吐珠玉之词，可谓文坛、政坛两得意。十四岁为官，享受朝廷恩典长达近五十年。纵观宋朝三百年的历史，晏殊可以说是最幸福的那一个。直到生命的最后一刻，也深为帝王宠爱。

彼时，晏殊重病在床，消息传到皇宫，赵祯非常关切，决意前去探望。

此时的晏殊还是清醒的，他觉得六十五岁的自己还不太老，他更知道皇帝探望病重的大臣，必然携带香烛纸钱类的祭品。

晏殊，他觉得这样的探望，更像是凭吊，实在是晦气大于喜气，也就婉言谢绝了。

本就情怀柔软的赵祯，也觉得晏殊的确不太老，也就没多说什么。谁知他刚刚放下前去探望的念头，一转身，晏殊已然魂至奈何桥，这让仁宗非常遗憾。

珠玉一生的晏殊，就此在浩荡的皇恩和一众儿女们的悲声里，安然入土了。

　　那葬礼是隆重的，都以为那陪葬也一定是丰厚的。可许多年以后，一个盗墓贼打通了晏殊的墓室，他以为这次又要发大财了。因为就在前几天，盗掘了相邻的一个坟墓，从中获得了大量的金银珠宝，那人的名气，远不及晏殊。晏殊，生前毕竟是一个富贵的宰相。

　　然而，令盗墓贼失望的是，晏殊的墓里几乎空无一物。可见，晏殊是清寒而来，清寒而去，他求的只是享受那一生当下的富贵。

　　盗墓贼在昏暗的墓穴里，从失望变成了愤怒。挥起手中的斧头，不仅将晏殊的棺椁劈了个七零八落，更将他的尸骨劈成了碎块。

　　一个粗鄙的行为，毁了这文雅的清简。

　　可叹，珠圆一生的晏殊，身后竟然有此玉碎的一劫。也许，命运如月，有圆缺才是完整。生前的圆满，以这样死后的残缺，来搭配一个人一辈子的定数。

　　传说，那位盗墓者垂头丧气地钻出晏殊的墓穴时，天上已是明月高悬。他悄然地走过一座小桥，不想脚下一个趔趄，伴随"扑通"一声重响，无端跌入河中。那小河里的月影，陡然碎了，闪闪烁烁，像冷冷的碎玉片。

　　打开《珠玉集》，似在烛灯半明的夜，轻读着那些句子，立时就绸缎裹身，明月照心，只觉自己妥妥地就成了一位富贵闲人。抑或卷了这书，背在身后，在那个春色满庭院的幽径上，慢慢地踱向花香深处。

　　如此慢慢读晏殊，才是妥当。

·范仲淹·
庙堂不高但江湖很远

　　想那半山寺的老僧，也不过有半目之能，懂不得人生棋局的纵横黑白。其实，范仲淹自己才是个中高手，落子成就形成大龙，破了自己尴尬的少年局，一名千古。真乃全人。

（一）

北宋祥符年间，是怎样的风吹过那片原野，是怎样的阳光照向那片山冈？

半山寺，寺在半山。这庙号，似有几分禅意。

跪着的青年问："我日后可否为良相？"

坐着的老僧答："不可！"

再问："我可否为良医？"

老僧道："读书为高，良医是否位卑？"

青年答："良相位高，可为国；良医位卑，可为民，一样的品德。"

老僧又摇头："良医？也难。"

青年拱手谢过，然后起身离去。信念里，依然是那，不为良相，便为良医。

寺庙瓦檐的高处，一只大鸟倏忽而起，疾飞向远，惊起一片燕雀，像秋风里慌慌张张的落叶。

老僧的手中，一张纸条滑落。在他看来，这八字，太过平常。宋初，八字乍兴，或许，他未曾把握扎实。平常，未必不藏传奇。

不过老僧没想那么深，或许，他也想不了那么深。在他的认识中，青年问得肤浅，他便答得轻易。其实这富贵荣华，他原本也看不透彻。他望着青年的背影，心神空蒙，然后闭了双眼，诵他的经，坐他的禅，珠串在他的指尖上周而复始地捻动着，像那日出与日落。如此，晨钟暮鼓，空空一生。直到圆寂，他或许再也没有想起过这个青年。半山寺，来访的人不多也不少，一年四季里，疏疏密密。

在他，记不记得，都是风，都是过客。前一炷香和后一炷香的点燃，实在没有什么区别。只是他不知道，这个年轻的过客，太过千年不遇，在他一生的佛事中，或许就是那个唯一。

那青年走了。他从乡野里来，本想来寺中解惑。老僧的回答是那么直白，连一点儿禅意都没有，的确是让人沮丧。若是别人，面对如此斩钉截铁的断言，一定再回乡野去，从此耕田牧马，娶妻生子，烟火一生。

可立志的人，谁会信了一个"命"字呢？

更何况，这半山寺，不过是乡间的一个小小寺院，那老僧，虽然也慈眉善目，或许也很虔诚，但总似那寺中不温不火的佛事一样，显得太过普通。就算老僧说得有理，这青年也要做那个破命的人。

从此，他食冷卧寒，发奋读书，孜孜苦学，终于高中皇榜。

他上表对皇帝赵恒说："志在投秦，入境遂称张禄；名非伯越，乘舟乃效陶朱。"

这隐姓埋名的两个典故，一说范雎，在魏国时，遭人诬陷，几乎被鞭笞致死，后抛掷于茅厕，受尽了撒尿之辱，后诈死才侥幸逃命。此后避难秦国，易名张禄，他以"远交近攻"的谋略，为秦国霸业立有大功，并攀升到丞相的高位。二说范蠡，助勾践卧薪尝胆，破吴国雪耻后，他深知"飞鸟尽，良弓藏；狡兔死，走狗烹"的道理，传说辞官与西施泛舟五湖，易名而去，并自号"陶朱公"。

宋真宗准奏，依了他复归本姓。

少年朱说，就成了范仲淹。

两大范姓先人，都成就了一番大事业，范仲淹也成了不可多得的诤臣。他，是一个浩大的人，真的成了一代良相。

想那半山寺的老僧，也不过有半目之能，懂不得人生棋局的纵横黑白。范仲淹自己才是个中高手，落子就形成了大龙，破了自己尴尬的少年局，一名千古。

光芒，往往来自那些磨砺的内心；苦难，常常是更大的动力。能够为自己拨云见日的人，最终都成就非凡。

（二）

范仲淹还有改姓这一说？

看到这里，让我好不吃惊。这样一个经天纬地的人物，竟然还有如此的隐痛，真是让人感叹。

易姓改名，毕竟是一种灵魂的内伤，对于有的人，可能就是一辈子低头做人的羞愧。活着，别别扭扭地出入在那个家门，不管是如何地磕磕碰碰，都只能忍气吞声。死后，也怕是若即若离地葬在人家的坟场，是那样的名不正言不顺。或许，另埋他处，孤零零地，成为一个游魂。

生，无处归心；死，无处归魂，是这样身前身后都尴尬。

范仲淹，几乎要成为这样的人，直到二十二岁，他才幡然醒悟。还好，一切都不迟。他及时给了自己一个翻盘的机会，于是一切就逐渐柳暗花明。

范仲淹本是苏州吴县人，祖上也曾出过光耀四方的人，但他不曾沐浴过一点儿恩泽。那年，他出生于徐州，只是在一岁多的时候，父亲范墉便突然病故，破败的范家，让孤儿寡妇实在没有立锥之地。他，便随母亲谢氏改嫁到了淄州长山。那时，他还看不懂母亲眼中的泪，于是好奇地打量着周围的一切。

从南到北，如此一段长距离的改嫁，一个年轻的女子，是多么的痛苦和悲凉，是怎样地挣扎和无奈？如果不是迫不得已，谁又肯这样翻山越岭？范母不易！

那段路有多长，有多曲折，那个两岁的孩子，实在太小太小，他都不记得了。他以为，他一直就叫朱说。他在朱家吱吱呀呀的门扇里，出出进进地长大，日子很苦，他却觉得四季如歌。上山砍柴，下田收谷，那么多大汗淋漓的辛苦，都是幸福。

他觉得，有父母在，就算日子如霜，也能品成糖。

少年的他，没有传奇，甚至是无风无雨的平庸，日出而作，日落而息，好像他这一辈子，就要这样在庄稼地里钻进钻出。生，是一棵草；死，是一抔土，籍籍无名，如那一村子祖祖辈辈的父老乡亲。

其实，那时的他，真没有觉得这有什么不好。屋檐下那叽叽喳喳的燕雀，都有着自己很惬意的快乐。他愿意做那个低飞低栖的小鸟。

时光如沙，他正在这平淡的日子里将自己埋没。二十二岁，他既没有武技，也没有文才，布衣草鞋，素面朝天。他求的，只是种瓜得瓜，种豆得豆。

别的不说，在宋朝，讲求早婚，这样的年龄，竟然还没有谈婚论嫁，他或许已经成为左邻右舍嘲弄的对象。可他，不在乎，在他认为，他应该为家里，为弟弟妹妹负担更多。作为长子，这是一种乡俗里的责任和使命。

他，是一个有担当的人。回望他的一生，一直就是这样有担当。

然而，这一天，生活里突然发生的一件事，给了他一次狠狠的痛击，一下子惊醒了这个忙忙碌碌的年轻人。

弟弟们日常的懒散和奢靡，朱说总是包容，他用自己的勤劳和节俭，引导他们。可是，一天天长大的他们，却不改自己不良的习性，甚至更加地变本加厉。他终于忍不住说教了几句。

不想，弟弟竟然回头恼道："我自用我朱家钱，与你何干？"那语气里，是千般的嫌弃和鄙夷。而其他兄弟们的讪笑，更让总以为是长兄的他，颜面扫地。

这是怎样的晴天霹雳！朱说，愣了，隐隐约约地感觉到了什么。扁担从肩头滑落，水泼了一地，也泼了一身，好冷。

母亲坐在床边，抹了一把眼泪，没有言语，只说："你已经二十二岁了。这年纪，柳永已经词满九州，晏殊已经位列朝班。你呢，山坡上那几亩薄田，难道就是你的一辈子？"

朱说，羞愧难当。他也一下悟懂了人们那一缕缕异样的目光，他也懂了母亲曾经的隐瞒是多么地左右为难。他原来不属于这里的土，他是他乡的流沙。

他，不是没有智慧，他原本只想用这智慧守这一方朱家的院落，做一个安分守己的朱家长子，挺起这片屋檐。这一惊，让他醒了，这门楣不是他的，他只是一个突兀的外来人。

若如此屈心于这个门楣，甘心忙碌于桑麻，怕是一辈子也改不回自己的本姓。那是多大的痛和辱？一个真正的男人无法承受。

寺庙，静心，适合求学。半山寺，离家也就一步之遥，他本想在半山寺求学的。一边照顾母亲和家事，一边读书也好。此时，他还念想着这些。他，真是一个善良的孩子，还想报朱家的养育之恩，惦记着还没收完的那片高粱，更惦记着母亲。然而，他在与老僧的问答中，感知这寺庙并不是福地，这里帮不了他。

他看一眼那熟悉的村落，看一眼朱家的门楣。屋里，并不算年老的母亲，头上已经杂生白发，他此刻明白了，自己再不能蹉跎年华。尽管那熟悉的五谷杂粮的味道，让他非常感伤，但他，还是毅然决然地背起行囊，踏上了求学的路。

那，是正途。

醴泉寺，这座建于南北朝时期的古刹，唐朝重修之时，因寺庙落成，恰遇一泉水喷涌，故被唐中宗赐名醴泉寺。

因泉而名的古寺，果然就有灵气，这里的润泽，充盈了范仲淹的智慧。他本是一个聪明的人，一旦认真起来，各方的学识自然就是突飞猛进。

有水，就有俊秀，左右相邻的几处泉水，在宋代时，便成就了一个个文学大家。淄州西边，稍近的百脉泉，哺育了李清照，稍远的趵突泉，哺育了辛弃疾。当然，后来清朝的"柳泉居士"蒲松龄，也成长在这个地方。

这里，是一片人杰地灵的水韵圣地。

说来，南北周折的童年命，是范仲淹的殇。然而，似乎也是这南方的血脉，北方的骨骼，赋予了他温善待人，又刚正立世的本性。

心染吴越的月，身披齐鲁的风，磊磊正正，这，更是他的幸。所以，他的一生，有诗词，更有策论。人如朝阳，心如月。

宋人《湘山野录》里载："范仲淹少贫，读书长白山僧舍，作粥一器，经宿遂凝，以刀画为四块，早晚取两块，断齑数十茎啖之，如此者三年。"

这就是，令人发奋，催人刻苦的"断齑画粥"。说范仲淹求学时，为了给并不富足的家省些粮食，只以冷粥切块为食，最多再咬几口老咸菜，而且如此艰苦的日子一过就是三年。

他不仅节约，而且刻苦。每当读书到夜深遇有困乏，他总是以凉水泼脸，以期让自己时时保持清醒，打起精神。相对于那些少年成名的人来说，在学习这条路上，他真是争分夺秒，日夜兼程。

懒散，是一墩草。越久，越生根，只怕最后是不能自拔。这，范仲淹懂得。

醴泉寺虽然可以静心，终究还是太小，为了更大的抱负，他决定出去走走。于是，他背起一碗一筷一书卷的包裹，踏上了新的求学之路。

商丘，距京城汴梁不远，那里的应天书院，是古代著名的四大书院之一，学习氛围相当浓厚。宋时，这里已经人才荟萃，学子中不乏富家子弟。有一次，学友见范仲淹每日以冷粥果腹，深为他的刻苦感动，就特意让父亲捎来美食。范仲淹实在推脱不过，只好说声谢谢，收了。但他却将那餐饭弃之角落，直到霉变，也不曾再看上一眼。

好友很是不解，问起此事，似乎还有些愠怒。

范仲淹答道："这绝不是故意违了你和你家人的好意，我只怕吃了如此美味，会再吃不惯自己的冷粥，为此也会多了享乐，少了刻苦。"

冷粥，已是他心性里的底色，也成了他一生的本色。一颗冷心只为国家，亦有一副热肠牵念苍生。

应天书院，这座历史悠久的私制书院，因为规模和影响日渐深远，在那时得到了朝廷的认可，并获得了官学的地位，一时成为宋朝的最高的学府，朝廷要员，甚至是皇帝也常来巡察。

范仲淹知道自己努力得有些晚，所以他格外发奋。应天书院虽然位于闹市，他却从不为外面的繁华所动，无时无刻不静心于书卷之中。

那一日，街头鼓乐喧天，好不热闹，原来宋真宗驾临商丘。书院的学子们，为了一睹皇帝的风采，无不奔向了书院外。然而，范仲淹充耳不闻，依然专心于笔墨文章。

好友着急地招呼他，说："目睹圣上的龙颜，乃千载难逢的机会，怎可错过？"他却答道："日后行走朝廷，与圣上见面岂不就是常事！"

如此轻描淡写的回答，仿佛他的功成名就只是一转眼的事儿。这，也就成了一帮学子们嘲笑他的由头。时不时，就会有谁拿这件事调侃一番，这似乎成了范仲淹的一件糗事。

然而，这嘲讽，恰恰成了嘲讽者自己的糗事。因为仅隔一年，范仲淹就考中了进士，成了皇帝面前的那个臣。心有大志，而又肯努力坚持的人，运气都不会差，上天也不肯负他。

（三）

"朝为田舍郎，暮登天子堂。"登堂入室的范仲淹，不像有些人，一旦锦衣加身就奢侈起来，从此贪欢求乐，醉生梦死。他说："人世都无百岁。少痴骏、老成尪悴。只有中间，些子少年，忍把浮名牵系？"

好光阴是那么短暂，怎么可以在享乐中碌碌无为？

他深知只有国家的兴盛，才有民事的福乐，为政，他从来都是一丝不苟。所以，他是耿正的，他是爽直的。不知圆滑的他，当然，也就总会惹出是是非非，受到大大小小的伤害，可以说是伴随了他的一生。他，就是那个三起三落的人。

初入仕途的范仲淹，并不在高位，但他锐利的思索，却常常直指高处，一封洋洋万言的"上执政书"，铿锵有声，引起了位列朝班的几位大臣的喜欢，在晏殊等人的极力推荐下，范仲淹得到了提升。他，离皇帝更近了一些。

秘阁校理，原本应该是一个安静的文字官员，可面对一架一架皇家的书卷，范仲淹却不安心于宁静。他说，他不再是一个学子，他是国的政权构成，他应该是一个理政的人。

那时，垂帘听政的刘太后，以贺寿为由头，要让宋仁宗率领文武群臣，在金銮殿行叩拜大礼。这话，震惊朝野，大堂上却鸦雀无声，文东武西的一班人，面面相觑，噤若寒蝉。

垂帘的帘，原本是为规避臣子们的目光，以免亵渎了礼法，此时的满朝文武，真的没有人敢正视刘太后。

那个时代，毕竟是男权的时代，一群饱读诗书，平日里话语滔滔不绝的文臣武将，此刻却被一个女人完全镇住，竟然哑口无言。这，怎么说也是一种悲哀。也难怪富贵的宋朝，是一段缺少骨血的历史。

然而，谁也没有想到，小小的范仲淹，一道奏折像闪电一样劈向殿堂，惊呆了众人。

"奉亲于内，自有家人礼，顾与百官同列，南面而朝之，不可为后世法。"

皇帝为母后贺寿，那是应该的家法礼仪，但若是与百官一同行跪拜大礼，这样实在是坏了规制，此行万万不可。

这谏书，让刘太后还在惊讶之中的时候，范仲淹接着又上书说，仁宗已成年，太后应该还政于仁宗，自己退居后宫颐养天年才对。

民间传说里，那个"狸猫换太子"的刘太后，为了自己的私利，以狸猫换取了李妃生下的孩子，任其被以妖魔之名，打进冷宫，终郁郁而终。这里的刘太后，似乎是很狰狞的，是很毒辣的。但在历史资料中，她却是温软了许多，然而，就算是这个有"吕武之才，无吕武之恶"的太后，毕竟还是酷爱帝王权的霸气女人，此刻是不能容忍范仲淹这样一个无名的臣子，在她面前如此咆哮的。她，怒气冲冲地将一道懿旨甩出幕帘。

垂下的幕帘上，有几颗珠粒滚落，在鸦雀无声的朝堂上，噼里啪啦地弹跳着，像众人的心惊肉跳。

此刻，已不是弱冠少年的仁宗，也只能正襟危坐，故作镇静地目不斜视。他龙袍的金黄，远不如刘太后龙袍的金黄更有质感，更有威仪。

因这，范仲淹被贬出了京城。

范仲淹的勇气和正直，虽然让他失了职，却赢得了满堂彩。临别那天，许多朝中重臣，都来送别，齐声赞道："范君此行，极为光耀。"

范仲淹被外放闲职，但不肯做一个闲人。每每京城有大政纲要颁布，他都会陈述利弊，上书朝廷。

但他的奏折，毕竟位卑言轻，尤其那时刘太后还在，珠帘后的权威，还无人敢撄其锋，自然不会得到什么回应。但那忠正的言辞，还是深深烙印在了仁宗赵恒的心头。待太后病故之后，范仲淹也就很快被召回了京城，成了一名谏官。

谏官，是论政事，说朝纲的，很适合范仲淹的性格。他的谏书，像雪片一样飞向了宋仁宗的龙书案头。

最初的宋仁宗是欢喜的，他觉得自己正是那个唯才是用的明君，他也总是认认真真地批阅着。

然而，范仲淹的谏书纷至沓来，潮水一样淹没了宋仁宗的桌案，尤其是在皇帝心有烦恼的时候，就常常来得那样不合时宜。更多的时候，范仲淹的谏言如一把利刃，直指大宋的软肋，和帝王的心窝。终于，一封关于皇后废立的谏书，惹恼了仁宗。

后宫，总是诡谲和敏感的，是难以容忍别人轻易指手画脚的地方。这是禁地。

范仲淹，因此又被贬出了京城。那天，几位同僚与他握别，说："范君此行，愈觉光耀。"

范仲淹任职一方，依然谏言朝廷，治理属地，更是尽心尽力，短短的时间内，治水兴学，成绩斐然，消了气的宋仁宗，遂又将他调回了京城。

任职于开封府，意让范仲淹厘清官员们相关勾连的根根脉脉，有了这极为有利的条件，很快，他就画出了一张百官图，献给了宋仁宗。

这张图，将那看似错综复杂的官员关系，理了个清清楚楚，直指朝中要员"买官卖官"的丑行。

这张意义重大，揭穿官员升迁弊端的图，虽然得了许多清流官员的大力支持，但终因朝中把握大权的奸猾老臣党羽众多，影响力根深蒂固，最终被付之一炬。在一帮庸臣佞臣巧舌如簧的鼓动下，宋仁宗又失了心。

范仲淹再次被放逐远方，好友们临别时说道："范君此行，尤为光耀。"

范仲淹拱手笑道："如此，希文已是三光矣。"

的确，有些人，一边夸赞着他，又不能助力于他，实在是有两面三刀的嫌疑。这期间，也只有少数几个人站在了范仲淹一边，与他一起共进退。面对是非，谁能立场坚定？这样的人，实在太少太少了。

三黜三光也不悔，他还是那个"不以物喜，不以己悲"，"居庙堂之高则忧其民，处江湖之远则忧其君"的良臣。

以范仲淹的才情，本应平步青云，位居高位，富贵傍身，然而正如他在谏书中写的，"臣非不知逆龙鳞者，掇齑粉之患；忤天威者，负雷霆之诛。"

但他，正是在这所谓的不知进退里，整颗心都为了他的国，以及国的民，无时无刻不殚精竭虑地谋划着江山大事。

范仲淹一生宽于民心，却猛于丑吏，而且绝不姑息养奸。

后来，他位居要职的时候，掌握官员的命脉，便将那些贪婪、平庸之辈，都一一勾画掉。同事看着那大片被删除的名字，觉得有些太苛刻，便叹喟道："你如此轻轻一抹，那些官员的一家就是一片号啕大哭啊。"

范仲淹驳斥道："一家哭，何如一路哭耶！"

罢了庸官，用他的一家哭，换了千家不哭，这有何不妥？

这里，舍小为大，更彰显了范仲淹以民为本的人文情怀，安国之道。

（四）

"在布衣为名士，在州县为能吏，在边境为名将"，看了元好问这几句对范仲淹的夸赞，当时我还很是诧异。

他为文艺，他为政治，他为教育……说再多一些也不为过。

可他，也是一代名将？这里，很多人又诧异了。

细细了解范仲淹的人生，才明白，他真的曾经统领三军，驰骋过战场，而且一战成名。

他真的是一个文韬武略的能臣。

公元 1040 年，原本臣服于宋朝的西夏人李元昊，自以为羽翼丰满，势力滔天，忽然就称帝了，并迅速出兵东侵。懒散习惯了的宋朝官兵仓促应战，自然是一触即溃，败退如潮。西夏人势如破竹，让大宋朝野上下惊慌失措。

狼藉的边塞，无人可以拾，宋仁宗焦头烂额，再次想起了身在外地的范仲淹。一道诏令，范仲淹挥师而去。

书生和疆场，似乎格格不入，范仲淹能否横刀立马？没有谁不担心着。

可他，真的就是那个能臣，关键时刻，从不会让国人失望。

范仲淹也是一代词家，可他会冷却感情的冲动，理智对待战火，对于耳边冲冲杀杀的建议，置之不理，而是稳扎稳打积极防御。筑城堡，修要塞，蓄能将，练强兵，然后适时出击，一举击溃了西夏的野心，让"西贼闻之惊破胆"。

范仲淹还是一个知人善任的人，在这次边塞之旅中，他不仅获得了军事的胜利，还为宋朝获得了两位良臣。

　　军营里，有一个能征善战的士兵，范仲淹不以其出生卑微而嫌弃，而是大力提携，那人，果然不负所望，屡立战功。范仲淹赠送他《左氏春秋》，让他认真研读，并说"将不知古今，匹夫勇尔"。这位出身于最底层的小人物，最终成了宋朝难得一见的名将，并做到了枢密副使的高位。他，就是狄青。

　　而寒士张载，也是范仲淹在西北之战时结识的。范仲淹见他谈起卫国之事，是一腔热血，但他更看透这是一位学识将有大成就的人，于是推荐他攻读《中庸》等儒家经典。果然，张载成了理学大家。

　　在那边塞的狼烟里，在那寒雪覆盖的冻土中，这些贴身的感受，让范仲淹对戍边的将士有了深刻的了解和认知，也深深懂得了他们的感情，面对长河落日，他不由得感叹道：

　　塞下秋来风景异，衡阳雁去无留意。四面边声连角起。千嶂里，长烟落日孤城闭。

　　浊酒一杯家万里，燕然未勒归无计。羌管悠悠霜满地。人不寐，将军白发征夫泪。

——《渔家傲·秋思》

　　塞风孤城，暗夜长风，不能入睡的范仲淹，辗转反侧，感慨万千。这一曲，低沉雄浑，说透边塞之苦，也更透出将士们悲怆的雄心，为国，何惧乡思成泪，白发满头？

　　这一曲，展开了宋代豪放词派的旌旗。虽然在绮丽万千的众家词调中，还显孤单另类，虽然还不能为那时的人们赞扬，但这词韵，却似一匹奔驰的战马，卓尔不群，踏尘而来，裹挟着边塞的大漠风沙，撞击着文人们的胸怀。从此，范仲淹的词风里，哪怕是写湿软的情愫，也多了几分雄浑和遒劲。词，从女子的红湿，开始有了男人的筋道。

碧云天，黄叶地，秋色连波，波上寒烟翠。山映斜阳天接水，芳草无情，更在斜阳外。

黯乡魂，追旅思，夜夜除非，好梦留人睡。明月楼高休独倚，酒入愁肠，化作相思泪。

——《苏幕遮·怀旧》

词，脱去脂粉的香味，原来也有另一番气象？正是范仲淹开了这豪放之风的先河，才有了苏轼、辛弃疾们的继往开来和推向高潮，成为与婉约并蒂而开的两朵宋词之花。

边塞一战，稳了大宋的江山，让范仲淹充分展示了他全面的才能。他，文有文心，武有武备，是个全才。

天命之年的范仲淹，终于登上了人生的高峰。他此刻，是否想到了半山寺，和寺中的那个老僧？以他的秉性，他不会嘲弄那老僧的有眼无珠。身在半山的人，怎么会看得透将来会登上山巅之人的高低呢？他会感激那老僧，那人，严格说来应该是他的恩人。正是他的否定，才有了自己的坚定。

范仲淹，居功却不自傲。在欧阳修等谏官的大力举荐下，宋仁宗也认可了他的宰相之才。可他，却坚辞不受。良相，是他曾经的奋斗目标，如今近在咫尺，他却一点儿也不惊喜。此刻的他，更是明白了少年的疏狂，越发懂得了谦虚。他认为，只要有为国为民尽心尽力的心，就是不负初心。

他，不图高官厚禄，毕竟自己已经是堂堂正正的范姓男儿，就做那个立身为范的人。但在君臣的一而再，再而三的督促下，范仲淹接受了副宰相的职位。

如此，宋仁宗更珍爱这位能臣，政治大事常与范仲淹商谈。范仲淹也深为帝王的知遇之恩感动，深思熟虑之后，精心写下了《答手诏条陈十事》。宋仁宗大为赞赏，并立即诏令迅速推行，轰轰烈烈的庆历变革就此展开。

若是如此，宋朝的富足，或许就会成为富强。大宋王朝，或许有更长久的延续。然而，宋，太过于内敛，太过于安守现状。如此大动干戈的改革，动了许多权贵者的既得利益，引起利欲熏心的保守势力者的不满。

宋仁宗，说得上是千古仁君，但太缺少刚毅和果决，太缺少必要的铁血和冷酷。

这里，让我再次想起了他那个强势的养母刘娥。垂帘听政辅佐了他，也同时让一个少年天子失去了必要的锋芒。在女人宽大衣衫的阴影里，宋仁宗多了阴柔，少了阳刚。

仁，可得人心，但不益于天下。不开刃的天子剑，岂能开疆拓土，守一片江山周全？

也就仅仅一年多的时间，在旧臣们叽叽喳喳的吵闹声里，在宋仁宗的优柔寡断里，"庆历新政"很快就分崩离析，徒然留下一片叹息。

这或许是一个让朝代更新的谋略，或许能改变岁月的走向，就这样无疾而终，戛然而止，像一场烟雨。这样的烟雨，在历史的长河中一次次地来过，并且依然继续。的确在那一个恰当的时节，就成了气候，江山就换了颜色。

　　谁是这烟雨里，那个恰逢其时的人？此时的范仲淹不是，他毕竟在这场烟雨后，渐渐退向了远方。

　　宽仁的宋仁宗，并没有严谨的治国理念和坚定的领袖信条，这让范仲淹非常失望。他上书自求外放，叹息着离开了京城，从此游走在各州府之间，再不曾回来。那四墙高垒的都城，太顽固了，倒不如那民心辽阔的原野，更让他游刃有余。然而，即便是这样，他的心也无时无刻不为国为民而处心积虑，关注着朝中的风吹草动，关注着民间的四季烟雨。此时，好友滕子京正好邀约他为新建的楼阁写一段文字，壮心未已的他，正好一吐块垒。于是，他挥笔而就，写下了千古名篇——《岳阳楼记》。

　　他的心，在这短短的文章里，如日月昭昭。

　　相信很多人，正是由这篇文章，认识了这位北宋的磊磊名臣。那楼阁虽然几毁几弃，几修几复，但这文章，这位范仲淹先生的精神，却如那波澜壮阔的洞庭湖水，生生不息。

　　范仲淹，与山东有缘。他的人生第二步，就行走在淄博，这里，是他生命的真正开始。他的倒数第二步，任职青州，因病改任别处的途中，与世长辞。这里，其实也是他生命实际结束的地方。

　　山东，不是他的来处，也不是他的归处，却是他命运里的一段重要的历程。他的思想里，有儒家的文气，有泰山的武骨。

　　"先天下之忧而忧，后天下之乐而乐。"这话，曾让我对他望而却步，我怕我的草笔泥墨，写不出他的天高云阔，本想悄悄绕过去，可关注宋朝文人，又怎么可能绕开范仲淹这样精神威武的人？细细品悟，才知道更有话说。

　　真应该去岳阳楼看看的，那里，真的是他思想的核心。他虽然人没有到过，神却已经到了。我这样的俗人，只有到了，或许才有所领悟。亲临那座千年来光明磊落的楼阁，若能懂一星半点，已然知足，也更是一种骄傲。就算不懂，我也退而安心，更仰望他。问岁月更迭，肥名肥利者熙熙攘攘，还有谁再敢画一张"百官图"？

激浊扬清，朗日朗月。他说，亦做。

山东省青州有亭，叫作范公亭，亭中有井，传言是范仲淹为了护水而筑。起初，我以为只是后人的牵强附会。后来知道，他，原来真的在这里任职过，并为民生筹划了众多善事。

浙江杭州也有范公亭，公元1049年，范仲淹任职杭州知州，他勤政爱民，治理灾荒，扶危济困，发展生产，得到了百姓的敬仰和爱戴。后人就在西湖孤山筑此亭，用以纪念他范仲淹。

亭，月白风清，不错。正是范仲淹的本色。一南一北的亭，一南一北的百姓，给了他同样的拥戴和呼唤。

有人说，他"文能写红一座楼，武能镇住一个国"。这只是说他自己，他教育后代，也颇得要领，他的修为，在几个孩子那里，都得到了好的传承。他们后来都位居朝中高位，成为一代良臣。范仲淹品德的光辉，也一直恩泽着后人。相传几百年后，他的后裔遭受兵匪之难，因为拥有范家后人的身份，而被善待，从而避过了多次灾祸。

对于范仲淹，北宋名臣韩琦赞道："高文奇谋，大忠伟节。充塞宇宙，照耀日月。前不愧于古人，后可师于来者。"

他，是个完人。

·林逋·

梅妻鹤子一隐士

谁说他是一代大隐士？他隐了情，隐了爱，隐了一辈子，隐过了一个朝代，却是红尘最深的痴客。林逋，梅林里的逃情者，只是逃到孤山也逃不过，看似相舍，却是相守。身后，一方端砚，一枚玉簪，说不尽的滚滚红尘事。

（一）

朋友说，江南，此时梅正开。与谁结了伴去？

其实，梅花不宜喧嚣，独自去看，正好展幽幽的情怀。繁华之地的梅，平庸了，失了格调。悠远之地，才见本真风骨。没有蝶的纷扰，心事凉凉地开，如林中小泉，若云中初月。淡淡的寒意，雪样的冷香，宜静思，宜怀古，宜听禅，宜自我。

一声叹息也好，只有自己听得见。那年恋的谁，那年谁的恋？慢慢地开，幽幽地香，迎着浅浅的飞雪。不等那谁来，那谁也不来。其实，怀不怀旧，都已经旧，风从昨夜来，吹过的，是昨夜的窗。

梅懂得，往事不再。所以，它用琵琶的幺弦诉说，只为自己倾听，不想惊动所有的远和近。

幺弦最细，自是最敏感，说的都是心底的事。向梅而立，谁没有心事可说呢？说吧，一句一朵梅花开。朵朵在枝头，朵朵在心头。再红再火，耀了眼，惊了心，也是自己的江湖，年年，它不开在春风里。春风又绿江南岸的时候，梅的心事已了，残香也不见。叶，岁岁迟，花叶不相依，说的是谁前世的孤独故事。

春来锦花绣叶，天香地艳，却是别人的今生。

　　梅，傲雪，"独天下而春"，本应写下点点红，映激情胸怀。自古以来，数千年光阴，多少诗词歌赋，都咏梅，爱意满满。自隋至唐，艺梅之风，日渐兴盛。而宋朝更是梅香艳艳，遂成高峰。范成大的《梅谱》，是为世界第一本艺梅专著。这一朝，无数文艺大家皆赞梅花。再有私家园林的兴盛，梅溪、梅阁、梅湖、梅山的引导，梅事，实在是山河中无处不在的繁盛。元朝时，亦有痴爱梅花的王冕，号为"梅花屋主"，一辈子蹒跚于乡野之中。如此钟情于梅花，实在应该将文字在他的时光里多逗留一些时间，我却不，情感就停留在宋朝，北宋烟雨向好的那时候。

　　　　　众芳摇落独暄妍，占尽风情向小园。
　　　　　疏影横斜水清浅，暗香浮动月黄昏。
　　　　　霜禽欲下先偷眼，粉蝶如知合断魂。
　　　　　幸有微吟可相狎，不须檀板共金樽。
　　　　　　　　　　　　——《山园小梅》

　　说梅，绕不过这诗；说梅，绕不过他。在此之前，文人雅士也写梅，但多写传情，多写愁思。这诗一出，将梅品，梅境，提高到了不一样的层次，绝对的新高度。

　　文坛大领袖欧阳修说："前世咏梅者多矣，未有此句也。"

　　著名的爱国词人辛弃疾这样写道："未须草草，赋梅花，多少骚人词客。总被西湖林处士，不肯分留风月。"

　　这些大文豪说的这人，就是林逋，他在西湖，他在孤山。

　　他的咏梅诗，对后世的影响不可估量。每每哪位文人想对梅花抒发一些自己的感慨，都会掂量又掂量。就是一时忍不住心痒，也脱不了林逋这诗的花香枝影。就算千古才女李清照，在写完自己咏叹梅花的一首词后，也不得不感叹道："世人作梅词，下笔便俗。予试作一篇，乃知前言不妄耳。"

难怪南宋诗人王十朋感叹道："暗香和月入佳句，压尽今古无诗才。"

梅，是心灵的梵唱，是烟火外的清音。

古人说："水陆草木之花，香而可爱者甚众。梅花独先天下而春，故首及之。"林的诗是这真正的梅花。

赏梅的好处着实不少，梅事多在江南。南京中山陵的梅花山，无锡的梅园，苏州光福香雪海，广州从化流溪河畔，武汉东湖，成都杜甫草堂等，都是赏梅胜地。若有心，杭州也应该去。或许你会说，那应该是杭州灵峰山吧？的确，那里是赏梅的妙处，但我却说的是另一座山。赏梅，西湖边的孤山不可错过。是的，这山正是林逋的孤山。

北宋的他，天下隐士第一，与梅花最相宜的唯一。

（二）

林逋，少时力求上进，通晓经史百家，才华卓然。壮年时曾游走在江淮繁华州郡，出没于宴饮雅集之地，名声日隆。亦曾北上，拜师于洛阳，清居于曹州。

今天，洛阳和曹州（今山东菏泽），这是两座都以牡丹名动天下的城。洛阳，这座九朝古都，是贵族花香的漫溢。曹州，这座不温不火的小城，则是平民花卉的逆袭。可以说，一在市，一在野。林逋对这两地的热爱，我以为正是因了牡丹。的确，宋朝初年，洛阳的牡丹已经名满天下。但曹州牡丹，则是近五百年才崛起上位。宋代，曹州还没有牡丹的盛事。

看来，林逋的爱，与牡丹无关。不管怎么说，林逋在北方留恋了很久，尤其是，在曹州竟然居住了十年之久，可他始终没有走进不远的汴梁大街。在此就看得出，他，对于那种大喧嚣，是不太喜欢的。

在曹州，应该是林逋退隐前，最恣意的一段日子，他在这里加入诗社，与朋友唱和云月，畅谈天地，名声渐起。但他因淡漠于科考，清高绝尘，被凡俗之人嘲笑为才名不实。但林逋我行我素，依然一袭白衣出没在烟尘里。后来，他也曾醉心于江西庐州，并在庐山下，置买了五亩的田宅，然而，就这样一个从不屑与风雨辩白的人，却突然归隐杭州，结庐西湖孤山。

四十岁，不惑之年，万事皆不惑吗？孤山不语，只有那不高不低的孤傲，与他正相宜。从此，一个孤字山高水远，断了红尘烟雨，心念里却独有梅，痴红点点，铁骨虬曲。他，一镐一镐，凿开乱石荒土，心和梅，在那里从此扎根。

古梅在古寺。相传中国的五大古梅，晋梅、楚梅、隋梅、唐梅、宋梅都在古寺之中，正是那超然物外的佛心，浸润了梅花、梅骨、梅心，才不会为光阴所动，而岁月延绵。

梅，喜静，也喜净，若在混浊的环境里，便不花不果。这，真似林逋。

林逋的梅不在古寺，他却驾一叶轻舟，遍游西湖古寺，与僧侣纹枰论道，把盏品禅。不是僧客，却有僧心。他就是那寺外的清心客。他的梅，是一样的清心染雪。

数丛梅，两只鹤，一叶舟，这就是林逋清逸的人生。长天里，最好再有几缕白云。

　　林逋的身后，一座孤山让多少人笔下生凉意，多画墨梅，浓淡里隐就不尽的悲意。暗一斑，为郁结的愁；淡一片，是唏嘘的叹。长一声，短一声，任画卷千般舒展，抖不去那尘烟黑白。

　　千古悠悠，人潮滔滔，说退说隐的文人墨客也可谓熙熙攘攘。

　　"安能摧眉折腰事权贵，使我不得开心颜。"如此琅琅高歌的李白，写罢此诗掷笔狂笑，可终还是周旋于权贵之家的杯盏之间。

　　明代大家陈继儒，工诗善文，才学非凡，二十九岁隐于小昆山。"屡奉诏征用，皆以疾辞。"擅长画墨梅的那位先生，都以为他真正得到了"自然随意，意态萧疏"的梅花精神，隔了元朝一百年的风云，是和林逋遥遥相望的知己。谁知，他却多游走于官宦之家。如此半推半就，说隐不隐，为人所诟病。《巧对续录》记载，陈眉公在王荆石家遇一显宦，显宦问王荆石："此为何人？"荆石回答说："山人。"显宦曰："既是山人，何不到山里去？"听了这样的嘲讽，不知那陈大隐士，还隐得住脸红吗？

　　当然，《巧对续录》中又载，在吃饭时，显宦出令曰："首要鸟名，中要《四书》，末要曲一句承上意。"令曰："十姊妹嫁了八哥，八口之家，可以无饥矣。只是二女将靠谁？"众客寂然，摇头莫能对，显宦喜形于色，众人都将目光落在陈眉公身上。陈眉公对之曰："画眉儿嫁了白头翁，吾老矣，无能为也矣，辜负了青春年少。"

　　如此妙对疑难，的确才高八斗，但油滑于世，也落得"翩然一只云中鹤，飞来飞去宰相衙"的嘲讽。

　　求隐逸，无所谓高尚；谋权贵，也属于应当。只是心口不一就是他的不应该了，既然无意于世间繁华，又何必痴恋于醉生梦死？欲拒还迎，有些女人的忸怩作态，不是丈夫的举止。

有人说，诸葛亮也曾隐于隆中，在刘备的三请下，柄执三军是不是也失了"隐"节？这种蓄势待发，志存高远，实在与隐不着边际。而勾践也曾"卧薪"而隐，但那是一种吞吴之志的隐忍，也与这隐毫无关系。

文隐隐于草木，只求柔软之安逸，风来有花香，雨来打芭蕉。武隐隐于山水，说是远离江湖，依然担忧着那刀剑的袭扰，守可有山险，退可有水深。心里满满的还都是江湖。也可以说，武，无隐。

隐，说起来轻云薄雾；隐，做起来却是山高水长。古往今来，真正的隐士，也不过陶渊明、林逋二人。

陶渊明隐于菊，林逋隐于梅，号为世间两大隐士，多以为他俩遥相呼应，自在于田园情怀。霜风起处，浅雪之中，那菊那梅，倾情了多少男男女女？怎不是，日升日落倚花而醉，谁不相求？

我也想求，读了陶渊明先生的菊，再读林逋的梅。"疏影横斜水清浅，暗香浮动月黄昏"，这两句为最爱。

林逋的《山园小梅》中的这两句名句，原是南唐诗人江为的残句，原为"竹影横斜水清浅，桂香浮动月黄昏"。"竹影""桂香"，可谓写实景，而林逋只改了两字，立时点石成金，成为抒发情怀的绝唱，为无数人津津乐道。南宋词人姜夔，干脆以《暗香》《疏影》，做了自己两首咏梅词的词名。

当然，也有人不喜欢。据说有个叫王居卿的人就很不以为然，曾经在宴席间，凭酒狂谈，说"疏影""暗香"未必只适宜梅花，赞叹杏花、李花有何不可？恰当时苏轼在场，立时笑道："只怕杏花、李花不敢当呢。"席间的人，闻听此言，立时就笑成了一片。

王居卿，以治水而名，也算是一个好官，对于诗词，好似不太内行，如此强作风雅，那就有些不应该了。

林逋，那叫隐。他一生不仕不娶，只种梅养鹤。

传说，林逋在孤山上种了 360 棵梅树，每棵梅树的梅果换得的银两，都包成一包，投进一个大的瓦瓮之中。每天取一包买得一天的柴米，360 包取尽，不盈不余，正是一年。他种了梅，梅养了他，果然是情爱依依。日相望，夜夜相守，若夫若妻，若烟火好家常。

梅花，似那红袖添香味；梅果，似那素手做羹汤，是红颜知己，也是贴心爱人。

在那霜雪一样淡泊的时光里，他荡桨西湖，遍游寺庙，与高僧吐纳禅歌。《梦溪笔谈》里载：林逋养鹤两只，"纵之则飞入云霄，盘旋久之，复入笼中"。

林逋，爱访寺寻禅，常常独自小游，若有远客来访，家中童子便将白鹤放飞，他看到这云中之影，自会凌波归来。一壶明月，几杯梅香，上一阕下一阕的词，三二新朋老友，就是梦里好时光。是不是梅花的季节不重要，如此，都是梅香四溢的心情。

林逋，也有不见的人。

那一次，有客来访，童子自然也就放飞了白鹤，可那白鹤几飞几落，盘旋许久，也不见林逋归来。那人只好悻悻而去，好不郁闷，越想越憋屈，便作诗嘲讽林逋，以解心头的恨意。

其实，林逋不是没有看到天上的白鹤，是因为他早就知道那来人是谁，故意不见。让平和的林逋如此厌恶，想来这人，定然拥有那粪土一样的俗臭吧？

梅，容不得这样的滋味。

范仲淹是来过的，而且两位相差二十岁的人，相谈甚欢。这位"先天下之忧而忧，后天下之乐而乐"的政治家，来此当然不是听隐的，他是要在这"隐"里，听到"出"的智慧。果然，林逋虽然身形瘦弱，但眼中却大有光芒，纵论天下，也是战鼓声声。

隐的林逋，却不曾隐却豪气干云的雄壮。这，震荡着范仲淹。

范仲淹从这里，真的感受到了光芒一样的剑气。他，回到朝中，也成了大宋官员中，少有带着剑气的人，以文人之身，立马边塞，建功朝廷。

许多年后，范仲淹又来杭州，已是自己的改革大策失败，郁闷的他，决定造访林逋，期待再次感受那剑气，以振自己的心神。然而，当他重新踏上孤山，遍野梅花树已经是荒凉一片，更不见白鹤来迎。林逋，早已经仙逝。面对草庐旁的青冢，范仲淹默默不语，直到夕阳西下，他才离去。三年后，他也去世了，那一身磊磊剑气，也归于一抔黄土。

文坛领袖欧阳修，来过孤山，他的好友梅尧臣，也来过。林逋，都成为他们一生中深刻的记忆和感叹，是他们心中那虬曲而芳香的梅树。

苏轼两次任职杭州，也来过孤山，但他没有见到林逋。当然，以苏轼爱竹的雅致，才情的奔放，是不会被林逋归为粪土之类的。只是苏轼来时，林逋已经去世多年。隔世，哪还能相见？他只能独自在孤山上徘徊又徘徊。历经坎坷的苏轼，叹息着"几时归去，作个闲人"。他，是来寻隐的。夜里，林逋果然就入了他的梦。

苏轼醒来，用一首长诗描述，为水仙一样，神清骨冷的林逋画像。他也想做个需一杯山泉，一捧白雪而活的人，无奈，想成为隐士，他实在做不到。

苏轼的这首写林逋的长诗，被后人刻石立于孤山。再后来，乾隆，这位爱到处留笔墨的清朝帝王，也附庸风雅地写了一首词，附在了这刻石的背面。

古往今来，隐者众多，对于这种独善其身的方式，有褒有贬，可谓仁者见仁，智者见智。就其隐来说，林逋的隐，的确更彻底一些。就算是同称大隐者的陶渊明，几乎和林逋同在不惑之年而隐，但陶渊明先生隐得曲曲折折、犹豫不决，远不如林逋干脆、清晰、单纯。

有人说，林逋在孤山期间，有过出仕的念头，曾求助于当时的地方官员，而遭到无视。或许林逋有过一些想法，但就此说他求助于人，似乎不太可信。范仲淹是和他有过促膝长谈的人，他说林逋"剧谈来剑侠，腾啸骇山神"。最后又评价林逋说："片心高与月徘徊，岂为千钟下钓台？"

林逋先生虽然有惊震神灵的剑气，但他品德清逸如月，是不会在乎什么仕途的，是最为名副其实的大隐者。或许有人说，林逋见范仲淹的时候，已是六十岁的花甲老人，当然不再追逐庙堂之高。谁能说他年轻的时候，不会有功成名就的想法？也许是吧，但应该只是一闪念间。毕竟在他所有的文字里，和与朋友的言谈中，没有表露过这样的信息。

他年轻时的欢，也都是那么单纯。

（三）

轻轻里吟，是林逋的《山园小梅》，如此一诗，醉了宋朝，醉了千秋。再一阕，是他的《霜天晓月》：

冰清霜洁。昨夜梅花发。甚处玉龙三弄，声摇动、枝头月。
梦绝。金兽爇。晓寒兰烬灭。要卷珠帘清赏，且莫扫、阶前雪。

梅花初绽，又遇清雪，如此一艳、一清，直入画境。叫声早起的童子，不要去动扫帚，那样，会伤了梅意，坏了雪情。

梅花几多的爱，都在这霜雪里傲立，俗尘里太多纠葛。以梅为妻，爱鹤如子的林逋，他就是山谷中的绽放，他就是云朵里的飞翔。一个人的梅，一个人的鹤，一个人灵魂的悠游，卧花香，饮明月，哪问沧海桑田。

梅，这宋人的大爱。林逋身似梅干，情如梅朵的高冷俊逸。孤山，一时成为无数文人墨客向往的地方。达官贵人，赶考的士子，落魄的文人，纷纷来了。

皇帝宋真宗也来了，当然，来的其实是这位皇帝的差使。林逋的声名传到京城，宋真宗就动了重用的心，派人送来了钱粮，也送来了请柬。

林逋虽然清高，但并不狂傲，不似柳永那样恃才傲物，在皇城大街上大喊"宋朝失柳，文坛失半壁"，也不似前朝的李白那样向天高唱："我辈岂是蓬蒿人。"

林逋接受了皇帝的好意，却婉拒了那请柬，不肯踏上通往京城的官道。一直守着他的梅林，结友、品酒、填词、作画。他，也与人下棋，但棋艺却不高妙。他曾说，一生有两不会，一是提粪，二是下棋。粪，太过俗臭；棋，太费心机。

相传，陶渊明有一无弦的素琴，每逢饮酒前，他都会在这琴上抚弄一番，而且是认真而投入的，十指起落如游龙，两眼微闭似沉醉。不知他的人，以为他故弄玄虚。有心的人明白，他从小学琴，熟识音律，但也不解他的意图，就问他："琴无弦，你弹弄什么？"陶渊明笑答："但识琴中趣，何劳弦上声？"

陶渊明，是个隐弦的人。这，似乎和林逋在棋上的不用心，有异曲同工之意。棋于林逋，似乎也就隐去了黑白子粒和纵横之道。棋盘，也就似陶渊明的无弦琴，在我们常人这里的输赢，在他，都是那云淡风轻。

已知棋中滋味，又何必以胜负来表达？指尖轻轻拈，万般禅意。

林逋的诗词，多奇绝，自有独到，很为大家赏识。但每每与友欢聚诵读之后，也就"随辄弃之"，随了风去，散成泥尘，决不留存。有人便相劝："这般好诗，怎不记录下来，传于后世？"林逋摇头答道："我方晦迹林壑，且不欲以诗名一时，况后世乎？"

隐逸于一方，都不想名动当下，哪会在乎什么后世呢？

好在有有心人悄悄记下，才能让我们读到《山园小梅》等三百首诗词。但若只是这些，他隐得真是淡远，隐得清逸，隐得浑然。可有谁知，林逋，这与陶渊明齐名的隐者，看似禅意高远，独宠梅花，翻遍史册也不见他有半缕异香缠身，竟然写下了一首《长相思》：

吴山青，越山青。两岸青山相送迎，谁知离别情？

君泪盈，妾泪盈。罗带同心结未成，江头潮已平。

如此情意绵绵的文字，都说只是朋友之间的唱和之作。这词，是虚情，就像陶渊明的桃花源。

林逋，是一个好梦的人吗？那时，竟然没有人细细推敲。

人，俗与不俗，都将归于土。相传林逋归于尘土后，他养的鹤，不吃不喝，哀鸣不已，三日后神衰力竭而死。人们将这两只鹤葬了，林逋墓一侧的小丘，就是那"鹤冢"。而林逋手植的梅树，更是重新绽放，一日开遍孤山。那原本的红梅、绿梅，不日都变成了白梅，以祭奠自己的主人。

一生孤高恬淡，却得至情追随。这，应是最好的祭奠。此时，不得不想起那句话，问世间情为何物？

超然物外的林逋，那墓，相传是他身老时在庐侧为自己选定的，生前还为此作下了一首诗："湖上青山对结庐，坟头秋色亦萧疏。茂陵他日求遗稿，犹喜曾无封禅书。"

林逋去世时，六十一岁。他的两个侄子林彰、林彬共赴杭州，治丧尽孝。消息传到京城，宋仁宗闻听哀叹不已，特意为这布衣一生的秀士，赐谥号"和靖先生"。而当时的杭州太守李谘，闻讯后，亲赴孤山，披麻戴孝，守陵七天。

从此，那里的林墓、鹤冢一片萧然。只有梅花年年开，但渐次衰渐，不成盛事。

（四）

若没有打扰，一颗词心也就这般地月白风清着，不许春心，独关梅情。的确，即便是宋室南迁，在孤山上大兴土木，兴建皇家寺庙，毁尽一切寺院坟墓宅田，却唯独留存了林逋的墓地。

他林逋，依然是孤山上清逸的词魂。

　　然而，辟一方闲幽，求一世清静的林逋，身后终究还是被搅到俗世里来了。后世的盗墓者，打开了他的棺椁。结果，让那些贪婪的眼神大失所望。墓中，只有一方端砚，一枚玉簪。诗词之心，有砚台这样的文房之爱，实在是在情理之中。出人意料的，是那一枚玉簪。这般的女儿之物，又怎会让林逋生死不舍？

　　说好了不惹俗世的，谁来说说这玉簪，是真情的相约？是痴情的捡拾？还是别时的牵念？一生的清雅，顿时滚滚红尘，说不透，理还乱。南宋圣人朱熹，少有对人夸赞，却对林逋倍加推崇：宋亡，而此人不亡。如今，"梅妻鹤子"已经成为《辞海》中的词条，倒也应了那不亡的赞誉，在汉语中独立独行，自成星光。但只一个隐字，却已解不透那孤山之梅。

　　那方砚台墨渍已经风干，那支玉簪发香早已散尽。却终究是男人心，女儿意，掩不住激滟一片。

　　回头再看他那首《长相思》，才明白绝不是唱和应酬的赋闲之作，而是真情的表达，是凄美的怀恋，没有谁不相信，他，曾经有过一段刻骨铭心的相遇。

　　"吴山青，越山青。两岸青山相送迎，谁知离别情？"青山的誓言，怎么懂得流水的离恨？山水的相遇，只是刹那，但不能心心相印，永相映照。这般的暗指，注定是一种悲伤。

　　"君泪盈，妾泪盈。罗带同心结未成，江头潮已平。"泪眼相望，一岸一船，相依却要相舍，如此一别，却是天涯，却是一生。

　　岁月恍然大悟，林逋红尘的脚步为何戛然而止，"二十年足不及城市。"想来，那个他的她，该是嫁作了都市里的新娘。不忍再相见，相见更是伤。抑或是，这女子，是官宦豪门的大家闺秀，他们虽然两情相悦，却因了种种的阻碍，无奈分离。

那玉簪，是情簪。

是怎样风姿绰约的女子，让林逋如此决绝地情归孤山。细数那段时光的绝代红颜，有谁可与他举案齐眉？怎奈那千年的红尘太远太远，那巷陌里飘飘的裙裾，竟然看不到个依稀。想来，当是梅花一样的女子！

相遇相思的，是哪座城？苏州、扬州，抑或是杭州也未可知。近近地守着，遥遥地望着，忆念里，当是那你若安好，便是晴天。

谁说林逋是一代隐士，他隐了情，隐了爱，隐了一辈子，隐过了那个朝代，是红尘里最深的痴客，朝朝暮暮有梅。一树梅钱，一日米面，恰似她的左右相伴。

清独一生，只道冰清霜洁，隐士隐世，却是最隐情。他，隐得好深，隐得好苦。清奇之骨，却原是一树思恋。原来，他选择孤山是另有深意，绝非隐，而更是因为孤。一颗孤心到死也是无人懂，怕是那西湖的高僧也没有看得透吧？

菊之低，梅之高，原就写下了两位大隐者的内心，菊无籽，梅有果，所以陶渊明隐得清浅，林逋却隐有暗香。那年那情那花开。

林，是梅林；逋，是逃亡。这两词，却成谶，咒了他一生。也咒了这一城，咒了前世，也咒了今后，唯美杭州，古古今今地看，多是遇情为殇。

那桥，叫断桥，桥未曾断。那雨常常下，也时时停，执伞的官人却再也等不来他的娘子。雷峰塔倒了又如何？只有灵芝还在，也已经落在尘埃里。

那桥，叫长桥，桥却不长。梁山伯与祝英台的十八里相送，只有一曲《化蝶》还在琴弦上凄美地流转。学堂里空了，只有风翻动着无字书页的声音。

那桥，叫西泠桥，唤叫西泠何必说错？"妾乘油壁车，郎跨青骢马。何处结同心，西陵松柏下。"这歌还在唱，那坟墓却冷了千年。任苏小小才倾西湖，却也不过是"恨血与啼魂，一半逐风雨"。

还有那个遁入空门的琴操，说好了不惹尘埃，却又为何在苏轼深陷"乌台诗案"的时候，抑郁而死？留下玲珑山上一座悲怆的墓冢，让人叹息。

这样的伤情，不知绕了杭州几个来回？

梅，谦虚、高洁，位列花中四君子，更是与松竹并称"岁寒三友"，很多城市以此为市花。孤山有林逋，孤山有梅树，有这样的好人文，杭州的市花却不是梅，难不成也想要避让了这悲意？

林逋啊，梅林里的逃情者。只是，逃到孤山也逃不过，看似相舍，却是相守。一方他的砚，一方她的簪，一同葬了。不恨今生的孽，只求来世的缘。从此，墨香盈楼，玉光映窗，他为她写词，她为他梳妆，只有青山青，不再有长相思。

前些时，在网上看到一条视频。一个拍客在孤山游览时，竟然发现了一封快递。那不知是谁寄给千年前的林逋一封信，那信就摆放在林逋墓前的石条桌上。信的远角压着一枚小青果，想来那应该是梅果吧。近的一角压了一朵彼岸花，这是当今的写信人，感叹隔了百代不能与林逋相见吗？还是感叹先人那砚台与玉簪的生死错过？

　　那封信写了些什么，视频里没有交代，这曾让我非常遗憾，怨恨拍视频的那人。既然去凭吊林逋，一定也是胸有文墨的，但这里却一掠而过，看来也不过是附庸风雅罢了。但细一想，很多东西正是太过清晰，才失了美感。正如林逋那枚玉簪，让一代一代人，探访孤山，叩问梅花，那是他未送出手的情物？还是那个她馈赠的信物？

　　最后这一问，似乎是有些沉重了，如此，我们不如拿出林逋的那首《小隐自题》来读一读，放松一下。

　　竹树绕吾庐，清深趣有余。鹤闲临水久，蜂懒采花疏。
　　酒病妨开卷，春阴入荷锄。尝怜古图画，多半写樵渔。

　　这自在的语句，让人喜欢。这当也是林逋的最爱，不然不会写为自题。在这野趣里，忆念林逋，就仿佛他还在梅花与白雪之中。那孤山的春色里，他始终是那个主人。

·欧阳修·

群芳过后西湖好

以荻梗勾画初心,以牡丹绽放前程,以醉酒悟透人生,什么酸甜苦辣,所有的一切,也抵不过一湖颖州的水。"六一"之乐,是那天堂最美的倒影。

（一）

"我亦无他，惟手熟尔。"读到这句话的时候，那年我还年少，觉得能把"鸡汤"煲得这么浓的人，一定是一个古板的老头，便不喜欢。

好像年纪并不老的欧阳修，的确常常自称为翁。据说，他长得有些老态，绝不是风流倜傥的样子。不过，更多的还是自嘲的意思。

老师讲《卖油翁》这篇古文时，自然多讲了几句作者欧阳修。说那"画荻教子"的典故，便指欧阳修的母亲教他苦学的事。并说，他四岁的时候丧父，只能和母亲、妹妹寄居在叔叔家，想他们的日子是多么艰难，但人家欧阳修就在这艰苦的条件下，成了一代文学大家。所以，同学们要好好努力把握机会啊。

《宋史·欧阳修传》中说："家贫，致以荻画地学书。"

这事，就有点不服了。想那些乡村里的孩子，谁没在地上写写画画过呢？

当然，我们画得潦潦草草，随随性性，人家欧阳修画得工工整整，认认真真罢了。所以，他成了朝廷里有鼎力之能的栋梁之材，而我们就是在土窝里刨食的草木俗人。

那时，对欧阳修没有什么喜欢的印象，虽然他说那"手熟"的理论是没错，但我还是觉得，这卖油的老汉没法儿和射箭的英雄相比。所以对于他的名字，大都躲闪过去。一个喜欢古文字的我，竟然与欧阳修没有交集，有点怪怪的，也曾经以为就此一辈子这样错过。

又后来，偶然间看到一则小文，让我哑然失笑了。说：欧阳修与友人斗酒，以两句诗来描述犯罪的举动，以表述形象贴切者为胜。

一人抢先说：持刀哄寡妇，下海劫人船。

一人紧接着说：月黑杀人夜，风高放火天。

到了欧阳修这里，他慢慢说道：酒粘衫袖重，花压帽檐偏。

朋友一听，这说酒说花，和犯罪实在不着边际，都连连说罚。欧阳修则解释道：如此醉胆色胆包天，何罪不敢为？

欧阳修是宋代文章大家，他朋友的学识一定也不会差到哪里去，可他们这两位描述得血腥瘆人，更何况是在这诗酒场合，着实愧对了朋友的欢聚，让人扫兴。而欧阳修把酒拈花，醉不着痕，真是妙然生趣。

看到这里，我哈哈大笑了，这哪是一个生硬古板的老头呢？好玩。欧阳修这名字，在我的心里也就鲜亮了许多。

然而，改变我对欧阳修认知的，却是一座城，一朵花，而且从此一发不可收拾。他，成了我的喜欢。甚至出乎我预料的是，我的第一本随笔体人物传记，竟然就是写他欧阳修的。如此，让我疏远的人，却渐渐成了我的亲近。

改变我对欧阳修认知的那城，是洛阳，那花，是牡丹。

　　洛阳,是牡丹的城,曾经却不是。想当年武则天登上皇权的极顶,下令让天下的百花一起盛开庆贺。许多花朵畏惧这位女皇的淫威,都不得不逆时令而开,只有牡丹我行我素,置之不理。恼怒的武则天下令,将牡丹全部连根拔起,扔在洛阳邙山上,遭受烈日酷暑的煎熬,绝其生路。

　　邙山,是一片坟场,许多帝王将相死后都埋在那里,武则天的意思,也是要将牡丹葬身于此。谁知,这牡丹花竟然与那里的土最相宜,在山坡上,向死而生,长势茂盛,开得空前美丽,让洛阳,成了牡丹的洛阳。

　　一花一城的相遇,璀然绽放。一劫,却成了牡丹的一捷。想那盛气凌人的武则天,也不过霸气一时,牡丹,却从此富贵无边,成为花中之王。这事,实在是有意思。

　　就在这富贵无边的牡丹城里,我看到了欧阳修的文字,而且是那活色生香的诗词文章。这,让我非常惊讶。这欧阳修,原来是一个有趣有才有朝气的大文豪。

(二)

　　洛阳,是欧阳修初入仕途的城。那年,他正年轻。

　　说来,孩提时的欧阳修,在母亲的精心培育和自己的刻苦努力下,少小成名,原以为就此人生得意。但他前两次参加科考,却都意外落榜,也算是小受打击。可毕竟年轻,欧阳修立即卷土重来。

　　第三次求仕之路可以说相当顺利,连考连中,都是位列第一,夺得了解元和省元。大家一致认为,在最后的殿试中,欧阳修也定能中得状元,成为连中三元的俊才。欧阳修自己也自信满满,于是悄悄做了一件新衣服,以待高中皇榜时来穿,表示庆贺。

　　说来也许是天意，欧阳修的小同学王拱辰看到了这新衣服，竟然穿在了身上，并在人前不停地招摇，说："哎呀，我披上状元袍了！我披上状元袍了！"

　　瘦瘦的王拱辰，穿着欧阳修那宽大的袍子，怎么看都非常搞笑，引得学子们不停地嘲弄。

　　冥冥之中，或许自有天意，王拱辰的一句玩笑话却成真了。殿试过后，被皇帝钦定为状元的，竟然是他。这结果，实在让人瞠目结舌，都觉得是阴差阳错。当然，这王拱辰绝非泛泛之辈，自有他过人的才学。据说，他是李清照母亲的祖父。《宋史》中关于李格非有这样的记载："妻王氏，拱辰孙女，亦善文。"

　　想那千古第一才女李清照的才，也应该得到了王拱辰的一些遗传。

　　说来欧阳修和这位叫王拱辰的小同学，在以后的政治上少有纠葛，在亲情上，却是很有交错的。欧阳修前后两任妻子病逝后，续娶了前宰相薛奎的三女儿，而王拱辰的妻子，正是薛奎的二女儿。不过，王拱辰的这位妻子也病逝了，他又再娶了薛家的四女儿。因此，和欧阳修在薛家女婿的排行里上下交迭。于是，他面对欧阳修嬉闹道："旧女婿为新女婿，大姨父变小姨父。"

　　欧阳修虽然没有中得状元，但依然名列前茅，很快就被派往洛阳任职去了。

　　洛阳，在宋朝时设为西京，经济状况和人文环境都相当兴盛，更何况当时主政洛阳的钱惟演，大力倡导文艺，他不仅自己有才，更有爱才惜才之心。

　　欧阳修一入仕途，就在洛阳起步，真是游龙遇海。

　　在洛阳，欧阳修笔墨生花，开启了他的真正人生。这里，也应该是他一辈子最恣意快乐的一段时光。真的是有酒有花有美人。

凤髻金泥带，龙纹玉掌梳。走来窗下笑相扶，爱道画眉深浅入时无？

弄笔偎人久，描花试手初。等闲妨了绣功夫，笑问鸳鸯两字怎生书？

——《南歌子》

这首词，将新娘子依偎在新郎身边娇嗔缠绵的形神，刻画得惟妙惟肖，可说是字字传神，是难得的一首描述新婚宴尔之乐的上上佳作。写词的人，真是用心了。

这词，是欧阳修写给自己的新婚妻子胥氏的。

洛阳，欧阳修在这里，迎娶了他的第一任妻子，也就是恩师胥偃的女儿，从此夫唱妇随，举案齐眉。初为官，初为人夫，可谓春风得意马蹄疾。

只可叹，这位有才有貌有德的女子，却是福薄，刚刚生下儿子，很快就病逝了。欧阳修虽有千哭万叹之情，却也唤不回那缕香魂，只好选一处水美花美的地方，将爱人葬了。那春风年年来的风水宝地，也算是一个最好的归处。有人祭，有花祭，足以告慰一个女子的亡灵。

后来，欧阳修调任别的地方，为了免使天堂的这位妻子孤独，便找一个机会，连同第二位夫人杨氏，一起葬回了江西老家。

年轻妻子的病逝，让欧阳修好不伤心。好在，洛阳还有一众诗酒朋友，让他没有在痛苦中沉溺太久。

　　洛阳，因为有极好的人文环境，这里聚集了一大批有卓越文艺的人才，他们都成了欧阳修的良师益友。几个人游山玩水，写诗填词，朝暮相欢，无拘无束地放飞自我，成了洛阳最风流的一道风景。

　　约了黎明，约了斜阳；约了古亭，约了新楼；约了高山，又约流水，他和他的朋友们流连四方，唱和歌词，品对楹联，同赋诗文，一时间洛阳的文艺盛事，几乎盖过了京城汴梁。这些，可以说让欧阳修受益一生。

　　朋友们的频频交往，使感情越来越深厚。但花无不败，宴无不散，随着时间的推移，大家都相继离开，调任别处，这让欧阳修心生伤感，和朋友道别的宴席上，相约今后多多书信往来，别辜负这城这花这段情。为此，他叹道：

　　把酒祝东风，且共从容。垂杨紫陌洛城东。总是当时携手处，游遍芳丛。
　　聚散苦匆匆，此恨无穷。今年花胜去年红。可惜明年花更好，知与谁同？

　　　　　　　　　　　　——《浪淘沙·把酒祝东风》

　　别了，那相携成欢的日子，会记在心中的，只是花再开，不知还能和谁一起畅游？

　　我这人，最爱望文生义，尤其对于人名，常常胡乱臆想。虽然是错误颇多，但也自觉有趣。

　　比如说欧阳修洛阳的这几个朋友，我就臆想了一下。比如说富弼，怎么感觉他是个脑满肠肥的人物，与欧阳修不是同道中人，果然一去就杳如黄鹤，可以说是渐行渐远渐无书。能够做了"太平宰相"晏殊家的女婿，想来应该是相当圆熟。

而梅尧臣，感觉是有梅香有梅骨，但必然是立身凄寒，空有抱负，无处施展。果然他就一生混迹在低处。可他，却是欧阳修一生荣辱不舍的挚友。他们是同道。

真正的朋友，其实是在宴席散去之后。

洛阳，可以说是欧阳修事业真正起步的地方。当然，他也深深地爱上了这里，在他许多的诗文中，常常提及这城这花。

牡丹，可以说是欧阳修一见钟情的花，欧阳修为此写下了《洛阳牡丹记》。

这篇洋洋洒洒几千字的文章，说花品，解花名，叙花间民俗，论述无不细致，情感无不饱满，字里行间都洋溢着欧阳修对牡丹的真心喜欢。

洛阳有幸，来了欧阳修。欧阳修有幸，遇了洛阳城。一花一城一大师，真是幸事，真是雅事，真是盛事。

那时，无论王公贵族，还是贩夫走卒，就算是乡里百姓，都爱戴花。一国，遍地都是花样男子。

据说，欧阳修长得说不上英俊潇洒，甚至形体有些不太舒展，但毕竟是年轻，再则又有文才。一朵大大的牡丹戴在帽边，自然也就春色无边。于是，在这里有了他的第一场艳遇。

美人常出的洛阳，花样男人欧阳修，传一段才子佳人的故事，也的确在情理之中。

欧阳修那个年代，正是北宋的好时候。上上下下多有歌舞享乐之风，官家私家多蓄养有歌伎，宴席庆典少不了她们窈窕的身影。洛阳的欧阳修，春风得意正年轻，也就常常出入这些欢娱的场所，难免对那些色艺诱人的歌伎多看上几眼。而那些歌伎，当然更爱慕他这位有才情的花样男人，自要惹一些风流。

说来那天下着微微的细雨，怎么看也是一个浪漫的日子，欧阳修和一个歌伎悄悄相约。能让欧阳修动心的，那一定是绝佳的女子，应该是有情有色也有形。那飘摇的背影，会让一个又一个好男人，一望就是百年。

好时光总是那么匆忙而短暂，窗外的雨也不知几时停了，屋里也是光影灰暗，周围已经一片暮色低垂，欧阳修和那歌伎就有些慌乱了。原来那天府衙中是要举办酒宴的，欧阳修是座上的宾客，歌伎是席间的舞乐之人，都是早定好的事。

因为晚的时间太多了，两人也顾不得避嫌，一起慌慌张张地赶到了酒宴现场。那里，早已宾朋满座。

一男一女的慌乱，大家并没有说些什么，也只是相视浅浅一笑。身为洛阳长官的钱惟演，是非常喜欢欧阳修的，守着众人也更不好说他些什么，便责问那歌伎为何来迟。歌伎解释说，天热，自己在凉亭里小憩，不觉间竟然睡着了，醒来时头上的金钗不见了，欧阳推官路过，帮着寻找，两人因此迟到了。

钱惟演听这歌伎虽然说得有些牵强，但也机智，于是又对那歌伎说："这样吧，如果你能向欧阳推官求一首词来描述此事，也就免了你的责罚，而且补一枚金钗给你。"

歌伎本有些不安，听他这么一说，一下子放了心，急忙捧起笔墨纸砚，羞红着双腮来到欧阳修面前。欧阳修知道这是钱惟演给尴尬的他俩找了一个风雅的台阶下，心里自是感激，一下子情绪来了，挥笔写道：

　　柳外轻雷池上雨，雨声滴碎荷声。小楼西角断虹明。阑干倚处，待得月华生。燕子飞来窥画栋，玉钩垂下帘旌。凉波不动簟纹平。水精双枕，傍有堕钗横。

——《临江仙》

　　如此迅速地写就了这样一阕才情闪烁的小令，在座的宾客无不拍手称赞。

　　当然，艳遇也不仅仅是洛阳这一次。相传有一年路宿汝阴，有一个歌伎因为非常倾慕欧阳修，几乎可以唱遍欧阳修的词曲。这让欧阳修深为感动，他对那个歌伎说，一定日后为她来汝阳任职。

　　然而，这个歌伎以为这只是欧阳修酒席间的戏言，当欧阳修真的来汝阴任职的时候，她却早已离开，这让欧阳修很是遗憾。

　　一个愿意为歌伎周折仕途的男人，那他，该是何等的柔肠万千？欧阳修的这一次次的艳遇，还为此写下了一首首情趣闪烁的小词。

　　可见，他真不是一个古板的老头。

　　花间皆痴癫，少年自风流。流连风月，轻狂光阴，人们大多都曾有过。

　　自古文人多风流，若欧阳修只是诗词人物也就罢了，风流如唐伯虎，在脂粉堆里摸爬滚打，却也是一段佳话，少有人为此在他身后喋喋不休。只是欧阳修不管是在文化之旅，还是权政之途，都是山峰样的人物，正是他这份柔肠，让政敌们实在找不到欧阳修瑕疵的地方，因而少了攻击他的软肋。一次一次在他那些所谓香艳的诗词里，生拉硬扯、捕风捉影地找出一些淫来，进行一次次地诬告，以期搅乱欧阳修的心事。这，的确给他带来了许多的困扰。

试问，哪个少年不曾轻狂？哪个文人不曾醉过花丛？尤其是在这个欢宴雅集的宋朝，歌伎也盛，家伎也盛，独让一个文坛领袖，守着那僧道般的清规戒律，餐风饮露？

的确，在别人看来，欧阳修倡导"以斯文之薄而厚其风化"，是公认的道德文章大家，文坛旗帜性的领袖，无论何时何地都应该正襟危坐，保持不苟言笑的样子，写那些不清不爽的小词，就是背悖纲常。

可叹的是，欧阳修的追随者们，也同样只占领了道德的高地，却不去从人性上曲线救援，以"贤者讳"的心理，痛斥那些有花影草香的诗词，是不怀好意者的伪作。并在编撰欧阳修文集的时候，将其一一删除。

> 去年元夜时，花市灯如昼。月到柳梢头，人约黄昏后。
> 今年元夜时，月与灯依旧。不见去年人，泪满春衫袖。
>
> ——《生查子·元夕》

如此一首有情有意的好词，竟然以还欧阳修清誉为名，被抛掷在文艺偏远的荒地，一任作者的名字游移不定，一会儿说是朱淑真，一会儿说是秦观，一会儿又说是李清照。

落笔生花，举杯盛欢的欧阳修，不是只知道墨之芳香，酒之清醇。一个时常回望洛阳花的人，有民生，也有风情；有万众，当然也有自我。

他，真是一个有趣的老头，要不，怎么可能四十岁了还要

簪花于头上？花有色，花有香，花是无人不生的柔肠，却为何
独让欧阳修无视这人间颜色，独自梵唱？

其实，让欧阳修遭受更大困扰的，是另外一首词。

欧阳修的妹妹出嫁时，是作为续弦嫁到张家。不想，这个
叫张龟年的男人，并没有像龟一样长寿，不久就病逝了。欧阳
修非常疼爱这个唯一的妹妹，便将她以及张龟年前妻的女儿一
同接到了府上。待张龟年的女儿到了及笄之岁，在欧阳修的操
持下，嫁给了他的一个堂侄。如此，也算圆满。

不想这个女子不是淑良之辈，生就水性杨花，竟然和一位
年轻的仆人勾搭成奸，事情败露后，被拿进官府。在严刑拷打下，
一时乱了方寸，满嘴荒诞不经的话，说在待字闺中时，和欧阳
修关系有些不干不净。

这主审的官员受过欧阳修的训斥，本就有怀恨之心，如此
一听，立时精神大振，趁机勾结欧阳修的政敌，对其恶意攻击，
并翻遍欧阳修的文字，找出了一首《望江南》的词：

江南柳，叶小未成阴。人为丝轻那忍折，莺怜枝嫩不胜吟。
留取待春深。

十四五，闲抱琵琶寻。堂上簸钱阶下走，恁时相见已留心。
何况到如今。

几个人拍着这首词，对欧阳修咆哮道：“张氏来时正是游
戏的孩童年纪，你就留心了，日后生出是非之事看来是真的。”

一阕文艺之作，竟然如此解读，为此更定成了“盗甥”之
案的什么铁证，实在是让人恶心。

"左手一壶美酒，右手一株桃花"，这自然天性与社会理性的双重人格，何尝不是宋代文人普遍的共性？正如，王国维所说，"词之雅郑，在神不在貌。永叔、少游虽作艳语，终有品格。"这样的点评是准确公正的。雅在其时，俗在当场，欧阳修从来不是那背后龌龊的人。

（三）

洛阳，拥有九朝古都的底蕴，这丰厚了欧阳修的心智。牡丹，拥有雍容华贵的质地，也赋予了他气度非凡的文艺胸怀。

也正是洛阳这三年，让一个只知诗酒贪欢的少年，开始有了成熟稳健的步伐。那种"以家为家，以乡为乡的"的小思考，升华成了"以国为国，以天下为天下"的人生大境界。

在他的心里，有诗词，有芸芸众生，更有万里山河，这让他开始积极地参与到国家大事中来。

一城洛阳，一花牡丹，赋予了欧阳修人生本质的美好底色。

然而，又一座山，一座亭的相遇，让欧阳修又提升了思想境界，使他一步一步登上了达观的顶峰。

亭，这一空灵的建筑构想，在周朝一出现，就风靡开来，成为山水之间的点睛之笔。这可供栖身又栖心的玲珑之地，深为人们喜欢，尤其为古代文人偏爱。遮阴蔽阳里，可听风观雨，于万千摇曳中，独守静心。流瀑和松涛都是配音，飞花和明月都是背景。

大家熟知的，就有长沙岳麓山的爱晚亭，北京慈悲庵的陶然亭，苏州沧浪亭，还有绍兴建于越王勾践种兰之地的兰亭，这亭虽然几废几兴，但最后归于王羲之弄酒吟诗，写下书法名帖的《兰亭序》的兰亭，更显风雅无边了。

对了，杭州西湖的湖心亭也是名亭，在那里放眼四望，实在是美不胜收。

其实，杭州还有一亭，为人们所难忘，每每念想，心情都是一份沉重，那就是南宋名将岳飞遇害的风波亭。

亭，通透八方，是不缺光明的。奸臣昏君选择这里杀害岳飞，想来是为了显示自己没有什么见不得人的暗黑阴谋，从而以"停"风波。但这卑劣的手段，恰恰被世人看了个透彻，风波千年，何曾有"停"呢？人们来到这亭前，无不为那首《满江红》感叹、感动，又感伤。

想那岳飞横刀立马，一句"还我河山"太过于虎啸龙吟了吧，不仅让金兵心惊胆战，其实也让赵构魂飞魄散。

别说奸臣多奸，应该是宋高宗赵构在此时岳飞的身上，看到了自家太祖赵匡胤当年的影子，为此就惊出了一身冷汗。征袍换黄袍，或许真的就在那一念之间。

南宋的临安，本就是苟且的都城，赵构也就做出了苟且于国，苟且于私的苟且之事。

"莫须有"也就污了"天日昭昭"。岳飞，不得不死。

还好，杭州还有一亭，那就是后人为了纪念岳飞，取他的诗句"经年尘土满征衣，特特寻芳上翠微"的翠微二字，在飞来峰修建起的翠微亭。

武将之魂，归于诗意之亭，也算是一种安然。但愿他的来生，再不为征尘呕心沥血，心中只有这翠微美景。

杭州三亭，让人心生三种滋味。当然，这于欧阳修来说，都是身后事。

安徽的滁州，也有三亭。大家首先想到的，自然是醉翁亭。

是的，不管是四大名亭，还是十大古亭，醉翁亭位列其中，而且被誉为"天下第一亭"，似乎没有争议。

滁州，在宋朝时不是丰裕的地方，然而欧阳修的到来，却让这里从此名动天下。

初到这里的欧阳修，挚爱的就是这一山一亭。那山，是琅琊山；那亭，就是醉翁亭。这位自称醉翁的欧阳太守，在这里饮酒一醉，写下了千古名篇《醉翁亭记》。

欧阳修一贬，造就了文学经典；欧阳修一醉，成就了天下名亭。这历史里的对错，让人如何说对错呢？

从那时起，滁州琅琊山，成了天下文人墨客争相朝拜的圣地，谁若不到此一醉，就似是胸无点墨，有辱斯文。

"醉翁之意不在酒，在乎山水之间也。"

一颗被贬的心，在这里豁然开朗。从此放眼辽阔，从此人生达观，从此窄路宽行。

这醉翁亭，原为山中僧人所建，自然深有佛心。

欧阳修，知佛心，更要民心。所以，当他在不远的丰山上，发现了又一处美好的去处之后，马上修建了又一座亭子，这就是三亭中的又一亭：丰乐亭。

丰，丰盛，丰富；乐，快乐，快意。丰乐亭，就是万众同乐的好来处。又是依了丰山之名，完全是顺了民意。独乐乐，何如众乐乐？这里，更具民心，更聚民心。

醉翁亭，丰乐亭，被后人称作"滁之眉目"。是的，一片原本并不奇绝的山水，在这样的点拨下，眉目传情，就此活了。

的确，那时候的滁州难说有多美的酒，也难说有多美的景。可让欧阳修如此沉醉是因为什么呢？其实对于一个有境界的人来说，美景佳酿并不重要。有品，清水就可为佳酿；有心，寸草都可以是美景。正是这座朴实得有些贫穷的小城，让欧阳修顿悟，依自然，归民心，从而彻底融入其中。

无我，才有大自在，才有大欢乐，才是大胸怀。

佛心的醉翁亭也好，民心的丰乐亭也好，都是大众的，都是民心的。欧阳修不能一味地在这喧嚣之中醉而忘归，作为一方的父母官，他需要更深层次的思索和考量。于是，他在距丰乐亭不远的地方，又建了一座亭子。

这就是三亭之中的第三亭，醒心亭。

亭子建得很简单，没有像丰乐亭那样，集奇石烘托，栽异草映衬，更没有醉翁亭那样梵音环绕，酒香四溢。这里的景色略显素淡，听不到泉声，也远离花香鸟语。

这样一个稍显平庸的地方，一般人自然不会喜欢，也就少有人来，但欧阳修却偏爱这亭，常常不带笔墨纸砚，不带茶酒，只带了自己来这里，或是凭栏小立，或者倚亭小睡。

这，独立独行的欧阳修，还是那个愿意与民同乐的太守吗？让常人是有些看不懂。

懂的人终于是来了，那就是曾巩，一个行文举止间，最像欧阳修的人。

曾巩，这位对欧阳修的文章人品都倍加尊崇的年轻人，他见恩师在亭中不茶不棋，不诗不酒。他，立刻恍然大悟，先生偏爱这亭，原来那醉不是目的，此醒才是根本。

于是，曾巩心生感慨，一挥而就写下了《醒心亭记》。

一山一水，怎能是先生全部的欢乐呢？他只是将自己的理想寄于这一山一水间，胸怀的却是千山万水。然而让人感叹的是，来来往往的人们，少有人知道先生的心。想那千百年后，人们追思先生，才会明白他是一个知醉知醒的人。

欧阳修曾有诗这样写道：

> 野鸟窥我醉，溪云留我眠。
>
> 山花徒能笑，不解与我言。
>
> 唯有岩来风，吹我还醒然。

这，的确正是他想表达的：飞鸟流云，只看到我醉，只有清风明月知道，我求的是醒。醒中知民心，醒中有天下。

欧阳修，一直苦苦寻找的其实就是一颗醒心。此刻，被皇帝放逐滁州的他，就因祸得福，找到了这样一颗心。

醉在身，醒在心，这就是欧阳修。的确，知道他醉的人，仅是身边的几个人，看到他举杯而欢的人，是周围的众人，可懂他醒的人，到今天又能有谁呢？

醉翁亭名列万千亭台之首，然而醒心亭却少有人仔细去了解。可见我们常人的确只知道沉醉于酒，只知道纵情狂欢，对于酒的内涵，还是不懂得如何把握。为此，难免多流于轻浮，甚至丑态百出，喝酒的人反而常常被酒捉弄。

不懂得酒心，美酒又何在呢？就算是狂饮千杯万盏，和喝了索然无味的水有什么两样？

酒在雅心，不入俗肠。知音不在，美酒亦成清水。

醉于一山一水，醒于千山万水，这就是欧阳修。一醉一醒，亦醉亦醒，醉醒自如，才是他的人生。

万事万物，都要醉入醒出，应该是这个样子吧？

　　滁州，是我向往的去处，却一直没有成行，实在是遗憾。听说去滁州的，多去追逐醉翁亭，少有人寻找醒心亭，这真是可惜了欧阳修先生更具核心价值的这一醒。若是有机会，还是到那里坐坐吧，有醒心，才有一亭的明月清风。

　　欧阳修一生颠簸各地，留下了数不清的人文风景。我常常无端地臆想，他当年若能任职我的老家该多好啊，那倒不是说，就此我的老家依了他的名气，成为旅游胜地，而是说我能直接就近去感受他的品格和灵魂。

　　相对于欧阳修的洛阳，我更喜欢他的滁州。要来，就在滁州之后来吧。虽然我不喝酒，也不懂得醉和醒的滋味，我只是一个拥有一日三餐的麦香就觉是福的俗人。我却真喜欢那酒香，闻一闻，便觉从人间到了天上。

（四）

　　欧阳修的一生，可以说三起三落。但在三个地方，给了他人生境界的三个提升。

　　洛阳，他时光的初遇，恣意，得到词义的俊秀，沉淀了情感的厚度；夷陵，岁月的谷底，苦求，与百姓贴身贴肝，懂了民心的苦度，有了谏词的锐度和深度；滁州，人生的哲思，洒脱，明了醉的清欢，知了醒的释然。

　　一城一层，一层一城，使欧阳修的心智渐入佳境。倒是东京汴梁，虽然几出几进，居住的时间实在是不短，但多纠葛于政务，杂乱之中少有自己的思索。我倒是觉得，皇城的远方，才有真正的欧阳修，那些山山水水里，其实才是他的日月年华。

　　他，虽然是殿堂级的大人物，却不喜欢在殿堂里走来走去。那里，需要太多的虚伪和逢迎。所以，才有了那年在晏殊的宴席上，一首边关苦和宰相欢的讽刺诗，惹了这位恩师的不高兴。

当然，没有位列朝班，也就少了提携后人的机会和可能，也就没有了千年科举第一榜。仁宗嘉祐二年的那场科考，主考官正是欧阳修，这场科举录取的学子中，竟然有九人做到了宰相之位。若没有他这位识人善任的千古伯乐，苏轼、苏辙、曾巩这样的文坛大家，张载、程颢、程颐这样的思想大家，甚至是不在此科的王安石、司马光、苏洵这些人，他们的命运走向或许是另一个样子。也许在宋朝的历史里，便不会有这些星光璀璨的名人出现。

然而，他醒了，不再醉心于庙堂之高，只在倾心于江湖之远。

就像那年他在扬州平山堂前种的那棵欧公柳，身是筋骨形，心是烟雨情。他一步步退向远方，退向山水间。于那衣锦的富贵，回到草木的简静。

那年九月，菊花正黄，弟子苏轼、苏澈来访。在颍州西湖的亲水台上，师徒三人把酒言欢，欧阳修将文坛领袖的大旗彻底交到了苏轼的手中。

苏轼面对恩师的信任和托付，暗暗立下誓言。

苏轼的一生，荣辱起伏，有过太多的无奈，甚至是妥协。但在文学上，从不敢苟且，无论何时何地，无不尽心于此，终成一代宗师，真是不枉欧阳修的苦心教诲。

伯乐和千里马的相遇，其实是彼此的幸运。有慧眼，得有良材可遇，而良材，也必得有慧眼来识，这才是天地之间的完美。

欧阳修和苏轼的相遇，真的是无与伦比的奇迹，简直完美得天衣无缝。在今天看来，可以说是前无古人，后无来者。

苏轼，为有史以来，文人第一全才，但我感觉在很多方面，欧阳修的确更具有领袖风范。

苏，虽然疏朗，但少了欧的收放。

苏，虽然豪放，但不及欧的达观。

苏，虽然"竹杖芒鞋轻胜马"，但一直在仕途上奔波。

欧，也叹"玉勒雕鞍游冶处"，但却能释然权贵，归于"六一"。

常州，是苏轼无奈的常眠。

颍州，却是欧阳修释然的领悟。

群芳过后西湖好，狼籍残红，飞絮濛濛，垂柳阑干尽日风。

笙歌散尽游人去，始觉春空，垂下帘栊，双燕归来细雨中。

——《采桑子》

"吾家藏书一万卷，集录三代以来金石遗文一千卷，有琴一张，有棋一局，而常置酒一壶。"又"以吾一翁，老于此五物之间"，号为"六一"。

这样的欧阳修，他的归去，他的颍州西湖，弄风声为琴，以星空为棋，斟月色为酒，多么有趣？的确，他的灵魂是有情味的，我为我最初对他的曲解深感羞愧。

最后的他，阅尽千帆，收桡收楫，应该是想到了最初的时候，在母亲的手把手里，一杆荻梗，在土沙上描描画画，天地间，宁静得只有一颗童心，写那岁月初起的横平竖直。

风没了，雨没了，眼前，只是一片无垠的碧波。

·苏轼·

也无风雨也无晴

词，是情花，与雕栏画柱相缠，与歌狂酒欢相生，难说格局。他来了，推窗望月。词，从此是如月的宋代流苏，有筋，亦有骨，清澈，亦有光。但经天纬地的他，总做不了经天纬地的臣，一路起伏，一路悲歌。

（一）

眉山，一看这名字，就满是灵气。

"水是眼波横，山是眉峰聚。欲问行人去那边，眉眼盈盈处。"

这眉山，就是如此的妙处。

自古有"点睛之笔"的说法，其实是否也应该有，画眉之抹的说道呢？正是眉，让眼不再孤情寡义。眉山，便是四川眉州大地上的那一抹秀眉。

这里，是大文豪苏轼的老家。传说 1037 年春天，一向秀丽的彭老山，花草不发，树木枯萎。那时，苏轼刚刚出生，直到 65 年后，苏轼去世，这山，才重新焕发生机。

原来，苏轼是集一地灵气而生的奇才，他是这里的那抹秀眉。

回望历史，常常说唐宋是文学盛世。这两个朝代让我们喜欢的，更多的也是因了那文化的光芒。一诗一词，让两个王朝各自的三百年，锦绣一片。若在这两个时代，各选一位旗帜鲜明的文艺人物，在我的心里，应该是唐的李白，宋的苏轼。

他们，各领风骚。

李白和苏轼，隔了 270 多年的时光，相互辉映，互为倒影。

既清晰，又摇曳。细细想来，两位绝世才子，真有几分相似的地方。

"举杯邀明月，对影成三人。"李白这诗句，大家耳熟能详。苏轼当年也喜欢，信手拈来，入了他的词中："我醉拍手狂歌，举杯邀月，对影成三客。"

一个被称为"诗仙"，一个被唤作"坡仙"的天纵奇才，在月光下，隔月隔年隔朝代，遥遥相望，一片仙气氤氲。他们中间，五代十国那五十年的离乱，可以完全忽略。

那边，唐朝李白来一句："青天有月来几时？我今停杯一问之。"

这边，宋代的苏轼来一句："明月几时有，把酒问青天。"

李白再来一句："人生在世不称意，明朝散发弄扁舟。"

苏轼也来一句："小舟从此逝，江海寄余生。"

他和他，如此心意相通！李是苏的前生，苏是李的来世吗？月，是他俩共有的魂。

当年，苏轼被贬黄州，在那凄怆困顿的境遇中，挥笔写下了抒一时情怀的诗作——《寒食诗帖》。这幅被称为"天下第三行书"的名帖，辗转为其弟子黄庭坚所见，他在感叹苏轼书法的同时，更叹道："东坡此诗似李太白，犹恐太白未到处。"

苏轼和李白相通的情愫，似乎在那时就已经为人们所认知。

李白，因错投永王，差点被杀，从此，沉郁一方。苏轼，因"乌台诗案"，几乎丢了性命，而贬谪南方。他们，都有这样的生死时刻。

安史之乱，使唐朝狼烟一片，唐玄宗和太子李亨各自逃窜，为此还惹出了杨贵妃的魂断马嵬坡。此时的李白，没有追随皇上，也没追随太子，扔下一句"二圣出游豫，两京遂丘墟"的诗，鬼使神差地投在了永王李璘的帐中。

此后，经过七八年的战火炙烤，唐玄宗的开元盛世，一去不复返，山河几近分崩离析，虽然李隆基被迫退位，但他们李家终究是定下神来。而那位青莲居士李太白，却被朝廷抓住了把柄，就此投入大牢，几乎丢了性命。

这事，的确有点不明不白，李白自己也找不出一个合适的借口。而苏轼，隔着几百年的时光，却再次站出来为李白辩解。

苏轼的《李太白碑阴记》，的确写得好，开篇道："李太白，狂士也，又尝失节于永王璘，此岂济世之人哉？"

此言一出，都以为是对李白的批判，谁知，他笔锋一转，竟然顺着李白当年的辩白，展开联想和感叹，为其极力开脱。但种种的理由，看似充分，可怎么也经不起推敲，似是些虚妄之词，甚至有些强词夺理的味道。

率真的苏轼，率真得别样可爱。这里，实实在在感觉到了苏轼对李白的偏爱。

气度和境遇，胸怀和才情，他，真似太白重生。

诗言志，词抒情，这是人们对诗词的常识认知。而那时的情，却是偏于狭隘，几乎是指"色"中之物。文人士大夫们谈起，多是不屑一顾，皆视"词为艳科"。

的确，那时的词多出于茶坊酒肆，格调不高，而宋代文化和娱乐业的蓬勃兴起，使词这种文艺形式，迅速地蔓延开来。尤其是夜市的开放，更促进了花前月下的情怀吟唱。

宋之前，都市都是宵禁的，夜鼓敲响之后，街巷几乎人迹尽绝。宋，是一个大经济，大消费的时代，因了商业的迫切需求，从而出现了夜市的繁荣，这，可谓是空前的。有文载："夜市直到三更尽，才五更又复开张，如耍闹去处，通晓不绝。"

这样的去处，多为酒茶之地。北为酒楼，南为茶坊。这般酒香茶香的地方，再配以管弦笙歌，衬以媚歌艳舞，自然摇荡心目。如此天长日久，耳濡目染，让那一本正经的学究们，也有了放肆一把的心态。于是，有了柳永的"浅斟低唱"，有了晏殊的"香径独徘徊"，甚至文坛领袖欧阳修，也叹"香车系在谁家树？"

秦楼楚馆，渐成常态；勾栏瓦舍，日渐兴盛。

词，情花。这情，与雕栏画柱相缠，与歌狂酒欢相生，实在难说格局。范仲淹倒是笔下铿锵，起了激昂的调门，但也仅仅限于，一两首边塞风的词作，没成气候。为此，甚至还遭到了一些文艺大家的嘲讽。

苏轼来了，他推窗迎月，放眼江河。词到了他这里，才打开心胸，让灯红酒绿的词情，有了纵横风云的旷达恣意。

"词至东坡，倾荡磊落，如诗如文，如天地奇观。"

他，是那明月。月弯，月圆，都伴着清风。

苏轼词，是月光一样的宋代流苏。但，有筋，亦有骨，豪放，而有光。

（二）

情，是词的主旨。写词的苏轼，也深情，但他的情，却不像柳永那样，在众芳深处摇曳。

苏轼的情，真而专。

四川眉山的中岩寺，有一泓池水，叫作"唤鱼池"。这里，有苏轼和王弗的塑像，追逐爱情的当下男女，多游览此处。一唤一应，甜蜜缠绵。

早年，苏轼求学于此处的中岩书院，与老师王方及众人，玩游至一汪清泉。那里，水清澈无比，尤其让人啧啧称奇的是，若有谁临水拍掌，游鱼不惊慌四散，反而循声而来，摇尾而欢。

这样的妙处，让大家顿生为此水命名的情趣。众人都还在苦思冥想，一个少年却已经写出了"唤鱼池"，三个笔力峻拔的大字。

一个"唤"字，果然就将这水这鱼点化得活灵活现了，大家无不称赞。此时，王方家的一个丫鬟也来到了水边，她展开手中的纸张，那上面，竟然写的也是"唤鱼池"三个字。

这字，是王方的女儿王弗写的。

如此心神相通，真是天意。王方更是喜不自胜，惊叹道："此乃天缘之合，韵成双璧。"几年后，他将女儿嫁给了苏轼。

苏轼和王弗，倾心呼唤，才子佳人，一池一鱼。至此，苏轼的爱，有了归处。他一心一意，做那清澈见底的水。而她，自然做那应心而欢的鱼。

据说，苏轼的心，曾经别有涟漪，当然，比王弗更早一些。那时，有一个叫"小二娘"的女子，在他的心中，春柳摇曳。这到底是怎样的一个女子，无史料可查，从苏轼对她的称呼，感觉应该是近邻，或是亲戚。更有人说，"小二娘"就是他的一个小堂妹。堂妹，如此门楣相依，人影相随，的确也是青梅竹马。

只是，懵懂少年，眉眼里有，心神里有，却还不知道表白。世间多少两小无猜，常常因此而错失了白头到老的机缘。

苏轼和"小二娘"，也是这样擦肩而过。那年她嫁人，当时他不在。她红盖头下的眼泪，几分是恋家，几分是恋那人？

　　"羞归应为负花期，已是成荫结子时。"再相见，她已经相夫教子多年。苏轼归来的感叹好心疼，初心成初殇。

　　伤情，但不无情，他将这分爱，一直藏在心底。很多年以后，这位"小二娘"病逝，三个月后，苏轼才得知消息，一时心如刀绞，写下了深情的祭文，一吐悲伤："万里海涯，百日讣闻。拊棺何在，梦湿濡茵。长号北风，寓此一尊。"

　　又多年后，贬谪外地的苏轼，得天下大赦，从儋州归来，途中经过"小二娘"的埋身之地，他坚持拖着重病之身，蹒跚着来到她的坟前，并且再次为她写了祭文。

　　"小二娘"能够得到苏轼两次诗文相祭，无论生死，都已经是大幸。虽然错过了人，却没有错过那分初情。

　　苏轼，情而不乱，情而用心，这真是用情的好男人。

　　苏轼娶，王弗嫁，上天终于给了他们最美的成全。

　　王弗，是一个有才思，又宁静的女子，正好补全了苏轼的豁达随性。每每苏轼会客会友，她都侧身在屏风后的暗影里，将苏轼的言谈得失，一一铭记心中。事后，于闲暇间，和苏轼细细探讨，以校正丈夫的脾性。

　　以苏轼狂放的心性，怕是要常常无端惹些是非的，他也常说自己，是个"不合时宜"的人。耿正的他，就这样沐浴着妻子温和的关怀。只是，更多的时候，王弗守着苏家的老宅，尽贤尽孝，但总是时不时地，鸿雁传书，寄情于追风逐雨的苏轼。

　　他是那水，她是那鱼。苏轼若唤，王弗也定然闻声而至。

　　让人叹息的是，上天给了他们深情相唤，浓情相逢，却没能给他们长情相守。

11 年，这两情并立的数字，一个成了冰冷的墓碑，另一个成了扶碑而泣的人。

1065 年，芳华正盛的王弗，病故于东京汴梁。

苏轼悲痛不已，挥泪成文，写下了《亡妻王氏墓志铭》。这墓志，刻于石，随王弗一起葬了。

但入土，却不归土。这深情，却是岁岁草长莺飞。

"君之未嫁，事父母，既嫁，事吾先君、先夫人，皆以谨肃闻"，这是无怨无悔的辛劳。"见轼读书，则终日不去"，还有这默默无言的陪伴。

这一切，苏轼都铭记在心。这心底的念想，比石刻，更不朽。

不朽的，还有四季常青的松柏。

苏轼在王弗埋骨的那片坡岭间，亲手栽下了三万棵松树苗。这树，随雨而长，随风而舞，连连绵绵，像一片碧水。王弗的坟，似那水中的鱼。

三万棵树，其实不是无意的栽种。三万，是百年的计数，一日一念，一生正好。

1075 年，正是王弗十周年的大祭年，此时苏轼正任职密州。夜里，他忽然看见妻子王弗，对镜梳妆，于是惊喜上前，谁知一下惊醒。四周，一片黑暗，原来，只是一场梦。

密州，眉州，千山万水，难以亲赴坟前。苏轼不觉心下凄然，遂披衣挑灯，写下了催人泪下的千古悼词，《江城子·记梦》。

十年生死两茫茫。不思量，自难忘。千里孤坟，无处话凄凉。纵使相逢应不识，尘满面，鬓如霜。

夜来幽梦忽还乡，小轩窗，正梳妆。相顾无言，惟有泪千行。料得年年肠断处：明月夜，短松冈。

路远，情近，没有时时地念叨，只因一直在心里。这是一个豪放词人，最婉约的哭泣。

苏轼，为王弗守爱三年。这时的他，有才华，有官职，自有官宦人家的女子来求，他却不曾动心，而是出人意料地娶了一个蜀地的乡村女子。

这女子，是王弗的堂妹。她有着蜀地的乡音，更有着王弗的眉眼。这何尝不是对亡妻的，另一种更深的思念！

这位女子，那时二十一岁，已是大龄，却还待字闺中。不知这是上天的安排，还是她的一颗芳心，一直在暗暗等待。出生在闰正月的她，嫁了。苏轼手把手教他写下了三个字，自此，她有了自己的名字——王闰之。

她，不是那个和苏轼一起唤鱼的浪漫女子，她是那个为他洗手做羹汤的家人。客厅和书房里，她不是那个红袖添香的人。可却为人勤快，后室的每个角落，她都会擦拭得干干净净。这样的堂室，像铺着一层软软的月光。

的确，王闰之相伴的那段光阴，是苏轼最起起伏伏的日子。她，尽力将家收拾安稳，让出出进进的苏轼，不管经历了怎样的风雨和疲惫，都会觉得，家是最实实在在的归处。湿了的衣，有处烘烤；累了的身，有处静卧；无助的心，有处安放。

她，不问他的去处。她，一直守在他的归处。

人说，苏东坡一生大起大落，有着奇迹般的坚强，可以说，王闰之是赋予这分坚强最重要的人。

　　盛壮之年的苏轼，山重水复的苏轼，她都紧紧跟随。

　　据说，"乌台诗案"时，王闰之赶在朝廷查抄家中证据之前，将苏轼的一些信札和诗词文章，投入到了灶火之中。为此，后人多有叹息，甚至还有些人指责说：她这是愚蠢之举，致使苏轼的许多墨宝真迹，永远消失在了岁月深处。

　　这叹息，太过无聊；而那些指责，太过无情。在王闰之这样一个女子的心里，世间什么样的浮名和财富，才能换得亲人的无恙归来？再则，若没有她这一把火，谁又敢保证，那些文字中的，哪个字词，哪道笔画，不会让苏轼又罪加一等？

　　如此一想，如果没有这付之一炬，世间，可能不会再有苏东坡！

　　王闰之的举动，是一个女子想到的，最周全的办法。

　　总之，苏轼归来了，尽管那样憔悴，却让王闰之无上欢喜。她擦干泪水，陪他向南，去黄州。在那里，五十亩城东的荒坡地，开始了那苦中有乐的日子。从此，耿正的苏轼，慢慢成了参悟佛心的东坡居士。苏轼的思想，就此破茧成蝶。

　　25 年，日夜兼程。王闰之，这个没有文墨加身的女子，用尽她最朴实的身心，陪苏东坡再次返回京城，正是日子向好的时候，但她，却再无力陪丈夫向前一步。

　　王弗早已去了。如今，王闰之也就此离去。京城，成了苏轼断肠的地方，他对这位承载着前妻情怀的妻子，也含泪写下了祭文："我曰归哉，行返丘园。曾不少须，弃我而先。孰迎我门，孰馈我田。已矣奈何，泪尽目干。旅殡国门，我实少恩。惟有同穴，尚蹈此言。呜呼哀哉！"

　　曾经有人说，因"乌台诗案"时，王闰之焚烧了苏轼的诗词文章，苏轼和她生了嫌隙。这里，未曾对前妻许过同穴的苏轼，却许了死后与王闰之葬在一起，如此生死都爱，哪来的嫌隙之说？

十年，又是生死两茫茫的十年。六十五岁的苏轼，他再不用和两位亡妻梦中相见。因为相见，已在天堂。从蛮荒的儋州返回京城的路上，他，也驾鹤西去了。

弟弟苏辙，依了兄长的遗愿，将他和王闰之，一同葬在了河南郏县。后来的苏辙，也葬在了这里。那座莲花山，是他们兄弟生前一同看好的一块佛缘圣地。又多少年，后人来此凭吊，深感兄弟二人在此，老父苏洵独在眉山，这是两两孤独，就又筑了一座苏洵的衣冠冢。二苏坟，变成了三苏坟。

如此所谓的父子团圆，终究是一种虚妄，其实他们身心所向的，更是故乡的那片山水。据说，这墓冢之地里的古柏，都倾向西南，那里，正是眉山苏家的方向。

（三）

说来苏轼的才情，无人能望其项背。于文学，于书画，他都可以收放自如，但就其仕途而言，却显得太过寒酸，真算是一生的挣扎。

也许，是他的才华，太过于光芒四射，每每在那最紧要的一刻，总有人，或善意，或恶意地，扯一把他的衣衫，绊一脚他的步伐。要么，就是命运给他一个，哭笑不得的捉弄。

一步之错，谬之千里。经天纬地的苏轼，总是做不了那个经天纬地的臣，一路起伏，一路悲歌。

想最初时，他是何等的意气风发？

1056 年科考，至今被誉为"千年科举第一榜"，苏轼、苏辙兄弟，双双高中皇榜，二人胸戴红花，长街纵马，让父亲苏洵心花怒放。

苏家兄弟，实在有幸，遇到了千古伯乐——欧阳修。苏轼那清新脱俗的文章，深为这位主考官大人喜爱。但这份爱不释手的试卷，在欧阳修的手中，掂量又掂量，总觉得文章的风格，有些熟悉，像极了自己的门客曾巩。为了避嫌，他把这本应取为第一的考生，列为了第二。

如此，苏轼的状元，也就成了榜眼。

一登场，就如此闪耀，却竟然让最爱才的欧阳修，就这样遮挡了一下。是人意，更是天意。

当然，如此高居第二，那也是前程似锦。然而，又是造化弄人，老家眉州忽然传来噩耗，母亲程氏，竟然病逝了。百善孝为先，那礼仪的时代，在孝字面前，一切都不那么重要。苏轼和父亲，以及弟弟苏辙，就这样匆匆赶赴老家奔丧。

守孝的苏轼和弟弟苏辙，是不舍得放下书卷的。三年，他们，让自己的才学更丰富，更充实了。再回京城，倒也是一种幸运，恰遇朝廷为了选拔高端人才，开设了特别的制科考试。这一次，苏轼终于独占鳌头，弟弟苏辙也同样名列前茅。

苏轼兄弟二人，如此才冠群芳，让当时的皇帝宋仁宗，大喜过望。回到后宫还平复不了自己的心情，激动地对皇后说："朕今天为后世子孙，选了两个宰相。"

如此让皇帝欢喜，苏轼和弟弟的未来，那定是春风得意马蹄疾。

苏轼，二十四岁，赴任凤翔，正式踏上了仕途。这虽然距他考中进士，已经过去了多年，但他正风华正茂，以如此的势头和才华，自是不可限量。

三年任满，苏轼归来，面对的不再是喜欢他的宋仁宗。皇帝，已变成赵曙。

赵曙，宋仁宗的养子，继位皇帝倒是顺风顺水，只是他这儿子，当得可谓一波三折。

他，原本是濮王赵允让的儿子，因宋仁宗的三宫六院一众嫔妃，没生下一个男丁，而被收在宫中。但后来，仁宗皇帝有了自己的儿子，实在是大喜过望，赵曙自然被送回到生父身边。谁知，仁宗这个儿子，在万千宠爱之中，却只活了几岁，便早早夭亡了。

是不是把赵曙重新接进宫中，王公大臣们一次次试探着皇帝的意思。宋仁宗或许以为哪位娘娘还会为他再次诞下龙子，所以就以各种理由搪塞着，一拖，竟然过了二十多年，直到奄奄一息的那一刻，才又重新立赵曙为皇太子。赵曙终于顺利继位，他就是宋英宗。

宋英宗，对苏轼也是非常认可的，也就有了委以重任的想法。但宰相韩琦站了出来，说苏轼太过年轻，还要多加历练。可叹苏轼，又被这善意的谏言，挡在了金銮殿那威严的台阶下，不能位列朝班。

说来，真是祸不单行，先是苏轼的结发妻子王弗病故，转年父亲苏洵去世，苏轼只好辞别京都，回到眉州守孝。如此反复，已是多年，待回到京城，在位仅仅四年的宋英宗，却已经驾崩。皇帝，又变成了宋神宗。

宋神宗，这位少年天子，的确很有想法。一登基，就期待给国家带来新气象，他重用王安石，进行一场社会改革。

苏轼的归来，或许不是时候，恰逢王安石变法，正进行得如火如荼。

其实，苏轼对王安石变法是拥护的，但对其中的一些举措，又深感不安。在以国为本和以民为本的思想导向上，苏轼和王安石发生了摩擦，甚至到了无法调和的地步。

宋神宗这时候算是英明的，很听得进苏轼的意见，也有了重用他的想法。可王安石却坐不住了，力阻此事。其实，王安石倒是没有私心，只是他想力推改革，不容这次全面的变法有所闪失。

看着宋神宗左右为难的样子，苏轼叹息一声，自请外放，离开了京城。

杭州，是一个有美景，亦有美人的地方。作为一个副职的官员，实在没有什么要务，如此正好有了清闲。访圣贤，问禅机，看山水，听风雨，倒也心旷神怡。

三年杭州，一片和风细雨，转眼间又调任至密州。

密州，这块泰山之东的州府之地，那龙城的气脉，旭日的光辉，或许和苏轼产生了灵魂的契合。他一到这里，忽然心神大开大合，诗词文章，展现出一片蔚为壮观的天光云影之意。

老夫聊发少年狂，左牵黄，右擎苍，锦帽貂裘，千骑卷平冈。为报倾城随太守，亲射虎，看孙郎。

酒酣胸胆尚开张，鬓微霜，又何妨！持节云中，何日遣冯唐？会挽雕弓如满月，西北望，射天狼。

——《江城子·密州出猎》

　　这语调，这气势，一扫多少年来的挣扎和蜷曲，痛快淋漓地喷涌着。既有渴望大展抱负的悲壮，也有迫切报国的情怀。

　　密州，对于苏轼来说，好似他与恩师欧阳修相遇时的滁州。在这里，苏轼对岁月忽然有了大彻大悟。滁州，是欧阳修达到文学造诣巅峰的地方。密州，是苏轼的诗词圣地，他在那里写下了那首，被誉为"千古悼亡词第一"的，《江城子·乙卯正月二十日记梦》，也写下了被誉为"中秋词第一"的，《水调歌头·明月几时有》。

　　明月几时有？把酒问青天。不知天上宫阙，今夕是何年。我欲乘风归去，又恐琼楼玉宇，高处不胜寒。起舞弄清影，何似在人间！

　　转朱阁，低绮户，照无眠。不应有恨，何事长向别时圆？人有悲欢离合，月有阴晴圆缺，此事古难全。但愿人长久，千里共婵娟。

　　南滁州，他的老师悟了酒；北密州，他悟了月。酒月共一杯，醉了天上人间。

　　古人赞曰："中秋词，自东坡《水调歌头》一出，余词俱废。"小小的密州，让他的诗词，真正开启了豪放之声。

　　杭州、密州、徐州……苏轼一步步游走于山水之间，写下了自己越来越恣意的笔墨。这些，看起来是如此纵情，如此惬意。然而，一个天纵之才，怎甘心如此浪迹光阴。

　　心有家国情怀的苏轼，在刚刚到任湖州后，就匆匆给皇上写下了一篇《湖州谢上表》。由此，一下子将自己置身于一场政治狂飙之中。

　　这本是一篇普通的，新官履任对皇帝表示谢意的文书，苏轼却用近来最得意的豪放言辞，写成了讨伐朝廷，鞭挞权贵的檄文。

　　一个外任的官员，如此对朝廷指手画脚，让金銮殿上的君王，顿时坐立不安。宋神宗还好，只是略微觉得有些尴尬。尖锐的言辞惹恼了的，是那些不贤之臣。他们，开始了对苏轼的疯狂围攻。

　　"乌台"，意指乌鸦云集的御史台，这里的几位丑陋的御史官，果然就是云集的乌鸦。他们日夜查阅着苏轼的诗词文章，以各种断章取义，歪曲胡解的方式为罪证，将苏轼陷入了最黑暗的"乌台"牢笼。

　　生命，是唯一的。面对生死，苏轼最初的诙谐和幽默，渐渐被折磨得荡然无存了。日夜摧残的拷问和噬血锥骨的刑器，终于扭曲了苏轼的一颗心。辱国辱君，竟做成定论。

　　此时，手足情深的苏辙，挺身而出，愿以自己去官，来换得减免兄长的罪过。可毕竟人微言轻，请愿被无情驳回。那些奸邪的小人，要的不是苏轼罢官投狱，而是欲置苏轼和一大批阻碍他们图谋的朝中大臣，全无翻身之机。

　　所以，这一帮"乌鸦"不想就此罢手，依然聒噪着，穷追猛打，以苏轼之罪，迅速扩展牵连十数人，从而制造了震惊朝野的大案。

　　以文字获罪，而且是如此重罪，这在以文治国的宋代，是极少仅有的。更何况，以苏轼明月清风的人品，那些稍有良知的人自会明白，那些所谓的罪证，是多么的子虚乌有，是多么的牵强附会？

面对咄咄逼人的朝中掌权派，谁还敢挺身而出呢？

先觉醒的，竟然是底层的民众。在杭州，在湖州，在苏轼任职过的地方，老百姓们都默默为苏轼祈祷。而让我们最应该记住的，是一个微不足道的小人物——狱卒梁成。每天夜里，他都会送一盆热水，为苏轼泡脚。让这位身心交瘁的大学士，免除一些身体上的病痛。

最后，那位和苏轼政见不合的王安石，也终于看不下去了，特意致信宋神宗："安有圣世而杀才士乎？"

那位和宋仁宗一同分享"得两个宰相"之喜的太皇太后，在她重病时的最大希望，竟然是，放了苏轼。

苏轼，终于又站在了阳光下，他掸了掸身上的尘灰，朝狱卒梁成笑了笑，然后，走向了汴梁的大街。

（四）

密州，苏轼得情怀的豪放。黄州，则让苏轼悟得了禅机。

这里，苏轼，成了苏东坡。

出狱后的苏轼，被贬到了黄州，成了一个有职无薪的闲人。虽是日子最艰难的时候，可一个从断头台上下来的人，又怎会在意这一切？

没有住处，野庙可以栖身，以悟佛性；

没有钱粮，荒坡可以生金，以得天心。

布衣、草鞋、斗笠、蓑衣，那个在城东荒坡上劳作的农人，那是苏轼吗？不，那是苏东坡。

莫听穿林打叶声，何妨吟啸且徐行。竹杖芒鞋轻胜马，谁怕？一蓑烟雨任平生。

料峭春风吹酒醒，微冷，山头斜照却相迎。回首向来萧瑟处，归去，也无风雨也无晴。

——《定风波·莫听穿林打叶声》

当下的人们，不管是文人雅士，还是普通百姓，每每念起苏东坡这个名字，都会想起东坡肉这道美味。

这美味，正是苏东坡，在黄州那苦难日子里的大欢喜。

严格说，东坡肉叫作朝云肉更为贴切。这本是苏轼的贴身侍妾，王朝云悉心烹制的美食。

王朝云，本是一个歌伎。十二岁那年，被当时苏轼的妻子王闰之收入府中。王朝云，才颜双绝，能歌善舞，而且有情有义。无论岁月苦乐，她都无怨无悔，遂成为苏轼的红颜知己，成为他精神和生活上的贴心伴侣。

黄州，本就是穷困之地。苏家人多，更是艰难。王朝云为了改善家中的生活，便以廉价的肥猪肉，配以多种料物，细火慢炖，烹出糯而不腻的美味。这让苏轼爱不释口，也赞不绝口。从此东坡肉就流传下来，成为当下南北大宴上，不可或缺的一味。

苏轼爱东坡肉，却写下过一首爱竹的诗，别有一番味道：

宁可食无肉，不可居无竹。

无肉令人瘦，无竹令人俗。

人瘦尚可肥，士俗不可医。

旁人笑此言，似高还似痴。

若对此君仍大嚼，世间那有扬州鹤？

——《於潜僧绿筠轩》

　　这肉和竹的论调，是俗与雅的思辨。但这里的肉，可不是苏东坡的东坡肉。

　　苏轼如竹，既耿正有节，又清逸虚怀。黄州的他，瘦成了一棵竹。若就此来说，王朝云虽然做出了东坡肉，但她却是苏轼精神上的那棵竹子。妻子王闰之，才是那香甜软糯的东坡肉。

　　他苦难的黄州，不寂寞。

　　只是妻子王闰之离去了，而更年轻的王朝云，作为他心灵的相依，也没能陪苏轼走到最后，年仅三十四岁，就因疫瘟而病亡。苏轼，在惠州的一座小山丘上，为她筑下了香冢，立了六如亭，而且刻字纪念："不合时宜，惟有朝云能识我。独弹古调，每逢暮雨倍思卿。"

　　陪伴苏轼的三个女子，就此一一凋零，从此再不惹相思。至于和琴操的相遇，那却是更早一些。那时，王闰之在，王朝云也在。

　　都说琴操的出家，是了情而去，从此一代红颜，面对青灯古佛。其实，这不过是为情而隐，为爱而佛。

　　就算这般，哪能断了尘缘？相传苏东坡深陷"乌台诗案"最黑暗的时候，琴操溘然长逝。

　　苏轼闻知，痛心不已，面壁而泣，深感遗憾。琴操，这操琴而歌的北宋少女，成了他心中的不了情。

　　在情感上，苏轼也算是一波三折，但终归都是真挚的相随、相依、相念，虽然也有遗憾，但都是东坡肉的香糯。但在仕途上，他真是历尽坎坷，从来没有真正站在朝堂上，能够和皇帝面对面地，谋划山河大事。而是一步步更向偏远，更向蛮荒，最后竟然到了人迹罕至的海南，这"竹杖芒鞋"的行走可是真够远。那年，宋徽宗大赦天下，在回归的路上，苏轼这位"也无风雨也无晴"的大文豪，毫不掩饰地叹道：

> 心似已灰之木，身如不系之舟。
> 问汝平生功业，黄州惠州儋州。
> ——《自题金山画像》

黄州、惠州、儋州，这是他最艰难的三地，竟然说是平生功业，这种自嘲式的语句里，有着多少难以言说的伤感？

词人，终于就要归来了，东京汴梁，能否从此善待这位不世的天才？

答案还在未知的风雨之中，然而，这位千古奇才的生命，却在半途戛然而止。常州，苏轼与勾魂摄魄的黑白无常不期而遇。

写到这里，心中非常疼痛。他，不该是如此草草的结局。人在痛苦中的时候，需要一种释放，那么，我就用苏轼写在黄州艰难中的《念奴娇·赤壁怀古》，作为结束吧，以示更深的纪念。

> 大江东去，浪淘尽，千古风流人物。故垒西边，人道是，三国周郎赤壁。乱石穿空，惊涛拍岸，卷起千堆雪。江山如画，一时多少豪杰。

　　遥想公瑾当年，小乔初嫁了，雄姿英发。羽扇纶巾，谈笑间，樯橹灰飞烟灭。故国神游，多情应笑我，早生华发。人生如梦，一尊还酹江月。

　　怀才不遇，悲愤难平，那种家国情怀，尽在一杯江涛明月中。苏轼用一生来品味，而岁月用千年的光阴来品味。

·李清照·

知否，知否，应是绿肥红瘦

从泉水中走来，在湖水边隐去，一个荷样的女子，定是花月满天的一生。可谁知道，这真是错了，她的岁月，半是清风，半是残月。豪放的北风是她的婉约，婉约的南方，却让她豪放。

（一）

故乡有荷也有柳。荷在水，柳在岸。荷凭水而美，柳舞风而媚。

那时夏日的校园，绿荫匝地。那绿，就是柳，近水的几棵，长得格外茂盛，粗粗壮壮的，晨光里倚了，正好读书。

一旭日，一翠柳，一少年，生机勃勃。

是的，那树下没有女生。虽然是乡村，那些女同学毕竟还是羞涩的，大都端端正正地坐在教室里，字正腔圆地读着早课。偶尔有一两个壮着胆走出来，还是躲躲又闪闪，找个不显眼的角落坐下，然后，开始目不斜视地捧读课本。

我最喜欢的那棵柳，在水塘稍远一点儿的地方。那树，离地不高生出一个弯儿来，靠之，满身心地妥帖。在那树下，是我校园里最自在的时光。也是在这里，我初次读到了李清照的《如梦令》：

常记溪亭日暮，沉醉不知归路。兴尽晚回舟，误入藕花深处。争渡，争渡，惊起一滩鸥鹭。

这词，将一个荷花丛中弄舟的少女，描绘得跃然眼前。读了，让人心生喜欢。想这活泼的女子，笔下有水有荷，她的家，也一定有柳。绿荫掩映的门楣，就是她的家。不远处，是那醉身亦醉心的荷塘。那里，鸥鹭翔集。

后来，听人解读这首词，说这是李清照贪杯，半醉在凉亭，醒来已是斜阳时分，这才急急忙忙驾船往回返，只因酒力还在，船便使不稳当，也就一路歪斜地扎进了密密的荷花丛中。于是，一阵手忙脚乱，惊了那归宿的水鸟。

文字，可以这么解释。但我觉得有些生拉硬扯，可能更是一种无端的臆想。

的确，在李清照以后许多的辞章里，看出她确实有好酒的习性。就算她因为出生于田间小镇，身心里有泼辣的乡野之气，但毕竟立身于贵族门第，那种华贵的气韵更多一些。她，怎么可能因为贪酒，而沉醉于荒野，这成何体统？这样的举止，是她的父母能够容忍，还是后来的赵明诚能够接受？

这样的解释，有人说，那是学识，是严谨的笔墨。但我依然觉得，这样的笔墨太不合时宜，好似将波光粼粼的水，搅成了一片浑浊。如此生硬地死抠文字，实在是让人摇头。

李清照贪杯是有的，失态却没有。即便野史的资料里，也没有描述。

从最初的少年，到今天人到中年，我一直坚定地认为，这沉醉，绝非酒意，而是李清照迷恋于十里烟波，一湖荷香，才有了这迟归，才有了这惊鸥鹭。

在我的意念里，李清照身似翠柳，心有荷香，梦如轻舟。后来，知道她的老家就在济南不远的泉水边，也就更坚定了这种想法。

而且一度认为，柳泉居士指的就是李清照。想那说狐论妖的蒲松龄老爷子，身世潦倒，年高体衰，怎么能有这样柳新泉明的别号呢？

太不相宜！

终究是，李清照的家，有柳亦有泉。柳色泉影，柳泉居士这别号，更适合这个宋朝的词中女子。清澈、波光，多好？

几次路过淄川，我总是四处张望，希望能遇到那个，在路边煮茶待客索故事的蒲留仙老先生，也和他说说这"别号"的事。我想，他一定会捋着胡子，朝我笑着点头。

今天的人们，想来大都是从这首《如梦令》，开始认识这如柳也如荷的李清照的吧。我想，很多人也就由此以为，她的一生，一定是轻舟飘摇，岸柳成行，荷香满塘。

可谁知道，这真是错了。她的岁月，却半是清风，半是残月。

（二）

明水，一听这名字，波光粼粼的，就感觉满是灵气，轻轻一念读，舌尖上无不滑过丝绸般的清爽。这个济南章丘的明水小镇，和诸多的小镇一样，既有城的富足和喧闹，也有村的朴实和忙碌。镶嵌在大片大片的田野中，像一块雕花的玉。

小镇距济南只有一步之遥。北宋名臣李格非的家，就在这明水。李格非，大文豪苏轼的学生，才学一流，曾经官居高位。

相传，在明水有三处水势丰沛的泉眼，因为各处在三户殷实人家的院中，不为常人所见，所以被称为"三不露"。这其中一户人家，就是李家。那泉水，就在李格非书房的窗外。

那天，李格非正在书房里凭窗而立，忽然，外面的泉水光影一闪，正好晃了他的眼。他心头一喜，于是，就为自己那个刚刚出生的女儿，取名李清照。上天的灵感，自是不同凡响。如此，这个出生于小城镇的女孩子，从小就沐浴着清泉水般的宠爱，俨然有了泉水一样活泼的灵魂，不拘教条。自然也就有了泉水一样清澈的才情，艳冠群芳。

她的性格，也如这小镇，亦城亦乡，既华贵又泼辣。静，就守着泉眼出神，入痴入禅，像一朵荷；动，就追着泉水奔跑，翻沟越坎，像一缕风。

李清照，就这样在婉约与豪放里，一路成长着。在不远的田野里，是大片的麦子，也有一丛丛杨柳、桃李，抑或是桑林。那是一片悠游自在的天地。

东京汴梁是繁华的，但随着父亲来到京城的李清照，面对这个堆金叠玉的城，面对这个群英荟萃的城，没有丝毫的胆怯。她在名流云集的诗词场合，抑扬顿挫地张扬着自己，以称赞"梅定妒，菊应羞"的桂花为由头，暗喻自己"自是花中第一流"。

真是一个傲娇的女孩子，完全不像刚刚从明水小镇，那小小的泉水边走来。

喝彩声还算热烈，这种热烈可能不是对一个小女孩的鼓励，更多是礼貌。其实，有什么不能容忍一个十几岁的孩子呢？更何况，那时的北宋，对于文艺是大提倡，大包容的。

不过，人们看着这个小女孩的身影，也只是会心一笑，觉得这只是风吹柳丝斜的年少轻狂。然而，李清照接下来的一首词，却让整个汴梁都惊艳到了。这就是她的又一首《如梦令》：

昨夜雨疏风骤，浓睡不消残酒。试问卷帘人，却道海棠依旧。知否？知否？应是绿肥红瘦。

这首词，不得不让人对李清照刮目相看，掌声是真真切切地热烈起来了。

相传，李清照写的这首词，被一酒楼的老板，以十几坛上等美酒换了去，精心装裱后，挂在迎宾大厅最显眼的位置。一时间，文人墨客和达官贵人纷至沓来，就连不通文墨的贩夫走卒，也拿出自己逢年过节才舍得穿的衣服，板板正正地打扮一番，挤进人头攒动的酒楼，争相品读李清照的这首词。

一座城，为女孩的一阕词而狂。

这酒楼的老板，真是有头脑，立时就赚了个盆满钵满。北宋的确富有商业谋略，民间殷实，国库丰盈。那幅《清明上河图》，实实在在是繁华盛景的真实描绘，绝不是歌功颂德的虚伪图画。那时，虽然疆土不够辽阔，甚至显得有些逼仄，但就财富而言，足可以鸟瞰天下。只因上上下下太过于沉溺文艺，没有敢于纵马山河的英雄，气势上显得有些孱弱。

那年，车过开封，也就是当年的汴梁。我忽然想起那座因李清照的词而顾客盈门的酒楼，觉得应该去坐坐。然而，东西南北地打听了一通儿，却没人知道这个老地方。我，有些怅然。

想来，这个酒楼是不在了，毕竟已经过去近一千年的时间。其间风风雨雨不说，更是战乱频仍，灾难不断，毁损了不知多少亭台楼榭，一个小小的酒楼，这样无足轻重的民间建筑，的确不能独善其身。

酒楼，是砖瓦木石这些硬性的材料构建的，远不如柔笔软纸写成的诗词留存得久。看来，真正的文艺才是不朽的。

说起来，一首"绿肥红瘦"的词，应该为那酒楼赢得了不尽的财富吧，也为李清照自己赢得了一生一世的一个人。

这人，就是赵明诚。

那时，赵明诚也和朋友一起来到了这家酒楼，找一个上好的位置坐下。两个人，一壶酒，品酒也品词，越品越爱，深深为那清新脱俗的才情折服，赵明诚更是暗暗发下了非李清照不娶的誓言。

他，悄悄接近李府，一日复一日，与李清照渐渐熟络起来。于是，就有了那首《点绛唇》：

蹴罢秋千，起来慵整纤纤手。露浓花瘦，薄汗轻衣透。

见客入来，袜划金钗溜。和羞走，倚门回首，却把青梅嗅。

每每读这首词，我总是想笑，李清照将自己一颗怦怦的少女心，描写得太惟妙惟肖了。

是的，那人定是熟客，要不怎能走了后花园的门？若不是熟人，这样就太唐突无礼了，惹的就不是羞，而是恼了。

这，惊了李清照，羞了李清照的人，正是赵明诚。那时，赵明诚动了百般心思，才成了李清照弟弟的好友。因此，作为李府常客的他，出出进进，没了拘束，多了自在。

两颗心，渐生爱慕。两个人，彼此深情。他们在各自的心跳里，也终于如愿以偿，结成了夫妻。那年，李清照十八岁，赵明诚二十一岁。两个人有才也有貌，怎么看都是天作之合。

李家和赵家，都是官宦豪门，但当时因为政治见解不和，本是极少来往，甚至在朝堂上，还常有唇枪舌剑的争吵。那些历史云烟深处的孰是孰非暂且不说，两家能够抛却是非恩怨联姻，已算开明，更是李清照和赵明诚的福。如果哪一家稍作阻拦，也就没有了这段良缘。

幸运的是，他们走在了一些。从此，人间多了一对神仙伴侣。他有诗，她有词；他有古器，她有书画。彼此相通的爱好，使他们的每一天都是良辰美景。为了彼此的爱好，他们宁可"食去重肉，衣去重采，首无明珠翡翠之饰，室无涂金刺绣之具"。虽舍去锦衣玉食，但爱，还是鸾凤和鸣。

京城，毕竟不是耕田织布的简单所在。这是帝王城，在这里，堂堂皇皇的金銮殿上下，总有暗流涌动，是云诡波谲的地方，许多的事情总是那么让人难以预料。

不幸的是，算得上豪门的赵李两家，先后在朝政风波里，轰然倒塌，那两座富贵的门庭凌乱一片。好在李清照和赵明诚的婚姻，并没有因此伤筋动骨，但高门大户是不复存在了。他们只好忍住悲伤收拾起行囊，返回山东老家。身后，是谁也看不透的尘烟。

车过章丘明水小镇的时候，他们应该是停留了一下的。那里毕竟有李清照少女时的记忆，那泉水还在，老宅院也在，只是父亲李格非被贬谪到南方去了，这里已经物是人非。那些美好的记忆，又哪能抵得了当下的凄凉？停留，也只能是短暂的停留。

青州，一座不大不小的城，左边离赵明诚的老家诸城一步之遥，右边距李清照的老家济南明水不远。她们选择这里安身，真有些左右逢源的味道。两个人的老家，是这样声息相闻，真是幸福。

没有官声的喧嚣，没有民声的吵闹。四围青山，获一片清幽。的确，他们在环山的怀抱里足够惬意。他编他的《金石录》，她来校对。她填她的新词，他就常常在身后吟咏。一帘月，一窗风，无不琴瑟和鸣。

闲暇的时候，也少不了逗趣，说古篇，猜佳句，比一个输赢。赢了喝茶，输了喝风。在这开心的嬉闹里，不论输赢，都笑成一团。那茶，左晃右晃，泼了一身，谁也没能喝成。

湿了衣衫的茶，醉了彼此的心，香了一段光阴。

这样的日子，才是心心念念里的温馨。这样的回归，才是灵魂的归来。李清照依了陶渊明的《归去来兮辞》的本意，将自己的书屋命名为"归来堂"，又依辞意，自号"易安居士"。

归来青州，万事都安。一切，多么简单与美好。是啊，做陶渊明那样的闲人多适宜。

十年屏居，可谓是他们最幸福的时光。为一人，守一城，不问风雨，只说云月。不问万丈红尘，只品方寸庭院。一似那水，是幽静的青花瓷；一似那荷，是清风朗月的古画卷。春天，他们共看不远处的流苏树，也渴望着一直相守到白头。

听说现在的青州城，流苏树还在，李清照的"归来堂"也在。那里，可还有"泼茶"的余香吗？真应该去看看。我曾经有过这样的想法，但觉得自己实在没有那样的书卷香气。若我这样一个俗身浊心的人站在那里，怕是太过突兀，太煞风景。我，还是远远地仰望着吧，待自己修得一些静心，再看那城也不迟。

想想，这世间的后来者，也只有清朝词人纳兰容若，最有资格到那里一坐，一品。只是他爱的人早早地离去了，他端起那杯茶，怕也又是一阕伤心词了。美好的时光，总是那么匆匆太匆匆，对于李清照来说是这样，对于纳兰容若来说，更是这样。

对于万千的我们，何尝不也是这样？

赵明诚毕竟是一代宰相的儿子，那些年能安心青州，是因为有李清照让他心情平复。面对安静的爱人，他也自有安静。然而，一卷帝王的诏书，还是唤醒了他的热情。男人，守田园常常是一种无奈，报家国才是志向高远。或者说，在仕途上奔走，才有动力，因为可以光耀门庭。

赵明诚，应该也是这么想的，急急忙忙打马东去，赴任莱州了，几乎没有好好和李清照道个别。清闲了太久太久，他有些急不可待。

爱，可以有隔了银河的真情守望，但渴望的是鹊桥相会的甜蜜相拥。稍后数月，李清照的马车，也向东追随而去。青州，是美好的，是值得留恋的。刚刚走出不远，李清照就停下车来，给身后那城的姐妹们写下了依依不舍的信件。可在旧时，男人就是女人的天地日月，李清照又能如何呢？也只能叹息一声，又催动了车马。

风是凉风，雨是凄雨。秋天，就是这样伤别离的样子。

莱州之"莱"，是一种野生的藜草。在这里，李清照的情感也是生了荒草的。李清照曾在文字中透露说，她偏僻的居室，平时里喜欢的物件是一样没有的，只有一桌一椅一床榻，和一本俗书。赵明诚或许是太过于忙碌政务，或是因为繁华突然地搅扰，让他失了静心，对李清照稍显冷落。

更有传说，清居了多年的赵明诚，面对声色犬马，没能把持住自己，迷恋在了歌舞声中，沉醉在了胭脂香里。

可不管怎么说，李清照的这些光阴里，虽然小有波折，但终究是安稳的。所以，她在这豪放的北方，写的诗词都是婉约的。

一袖湿了荷的雨，一袖染了梅的雪，有泉影，有水香，也可以说，都是风花雪月的，都是燕语莺声的。

（三）

北宋，在当年"杯酒释兵权"的谋略里，一个王朝的血性就开始淡去色彩，成了漫溢四方的瓷釉，将万里江山染饰成一个文艺的青瓷盘。这瓷盘虽华贵，却是瓷质的，是脆性的。当异邦试探性地敲击一下，还会听到铮铮的回声，也似有几分硬度。金人就是在一次次试探性地敲击中，探得了宋朝的虚实。那挂满亮眼釉彩的表面，实在发出的不是铠甲的声响。宋，是一个外强中干的朝廷。

看来，金人终于下定了决心，在他们的一击里，北宋这优雅的国度，猝然碎裂开来。号称百万雄师的王朝，就在游牧民族嗒嗒的马蹄声里，碎成一地残片。尤其是北方，更是四分五裂，被暴虐的马蹄踏进泥浆，一片片沦陷。

这里，让人实实在在想起了那个黔之驴的老寓言。

瓷器载魂，这碎了的瓷哪儿还有魂？失魂落魄的宋家败臣残兵，拥着赵构，像落叶一样，被强劲的寒风吹得一路跟跟跄跄，翻滚着，向南再向南。落花流水，无可挽留。江南，虽然也是一块残破的疆土，但还算有模有样，能够承载一个宋代皇帝的残梦。

李清照的北方生活，虽然也有波折，但毕竟是一路花开。明水小镇的临水蓓蕾，汴梁城中的悄然绽放，青州屏居的佳期如梦。到了这里，幸福的确是到了鼎盛时期。往后的几年里，她和赵明诚的感情有了些许的黯然，但毕竟还算是宁静。如此老去多好，守根归土，魂有安稳。

可她如荷的人生，随着北宋的国破，就此被卷入了秋风，一瓣一瓣尽是凋零，满满都是落花的颜色，渐远渐向南，渐南渐更难。那里，雨多，也从此都是冷雨，李清照就像是一个抱肩的梅瓶，泛着冷光，流着冷泪。

江宁，这座以江为险的要塞之城，是许多人心中的宁静之地。那些从战火里逃来的北方难民，都选择蜷缩在这城的各个角落，收拾一下惊慌的心情。

李清照随着她的十五车文物，赶到这里的时候，也稍稍喘了口气。当她看到了因奔母丧，而早一步来到江宁的赵明诚的时候，那一路遭受的磨难和苦楚，全都忘却了。对于一个女子来说，有丈夫的地方，就是家，就有烟火日常，就是岁月向阳，一路花开。

江宁，的确是有一段难得的宁静。李清照苍白的脸色，慢慢有了些许红润，甚至一度要赵明诚陪了他，去郊外的山野里踏雪寻梅。日子，有了那些年在青州的影子。

宋高宗赵构，也一度想在这里建都，或许那一江的涛声，好似千军万马，总是惊了他的梦。或许是他想起了，那被他们赵家灭了国的南唐，和南唐后主悲惨的词调。这里，实在不能让他安宁。他也就和他那些灰头土脸的臣子们，逃向了更南的州城。他们在那南方的山水里，东奔西逃着，也心惊肉跳着。

杭州，是难得的繁华之地。宋高宗总算在这里定了定神，那时的杭州，叫临安。

临安，这名总是让我觉得有临时安置的意思，或者是临近安全的地方。总之颇有苟且的味道。似乎是一个帝王对前途没有什么信心。

也许有人说，这临安，的确是临时安置的意思，但却是帝王挥师北进，迎回二帝，重回汴京的信心表达。如此说，也未尝不可，后者意义更积极，但终究还是自欺欺人。宋朝，已经成残器，兵无力，刀无锋，拿什么北定中原！就凭南方这半块残破的疆土，如何成就一国的伟业？

寥寥无几的几个热血男儿，也都在皇帝那一退再退的诏令里，徒唤无奈着，甚至丢掉了性命，哪里还有登高一呼的人？

苟且的帝王，只为苟且一方。何曾有过真正北伐的决心？偶尔说几句慷慨激昂收复山河的话，也不过是做做样子，一转身早忘了个干干净净，只沉醉在西湖的美景中了。飘摇着，自我麻醉着，得过且过着。

赵明诚也算临危受命，出任江宁知府。江宁，前可支援江北的军民，后可护都城安稳。在这样的要塞之地任职，不得不说是重用。若他殚精竭虑，一心向国，哪怕不能保家卫国，也必定青史留名，在史册上，肯定会占据比妻子更多的版面。

可他，只有书生的胆，手中的笔不能为枪，桌上的纸不能为甲。还没等金军大兵临江，才不过是一场本地小小的骚乱，就让他慌了神。他竟然趁着月黑风高，缒城逃走了。好在这座无主的城，在民众们的同心维护下，安稳了下来。懦弱的赵明诚，就此被罢了官。

江宁，乱了赵明诚的心，也乱了李清照的心。她对这个原本鱼水和谐的丈夫，心生鄙视之情。无欢无悲的她，随着赵明诚沿着南岸的江堤，向江西蹒跚而去，就此想找一个偏远的地方，无羞无耻地沉寂一生。

然而，当他们走到乌江边的时候，那排空而起的巨浪，和那振聋发聩的涛声，让李清照忽然就想到了那个血洒江流的男人项羽，他，是何等地视死如归？再想想败国的皇帝，败城的丈夫，她那淤寒日久的心中块垒，刹那间喷薄而出：

> 生当作人杰，死亦为鬼雄。
>
> 至今思项羽，不肯过江东。

　　这首激流滚滚的《夏日绝句》，让站在身后的赵明诚，深深地低下了头去，羞愧难当。

　　南宋，实在太难了。在这用人之际，皇帝还是选择原谅了赵明诚。皇帝的诏书传来，命他转任湖州。赵明诚觉得这是一个自我救赎的机会，他的确也想用今后的一切，洗刷耻辱，来证明自己。于是，他毫不犹豫地拨转马头，急驰而去。这次，他更没有顾得上对李清照叮嘱什么。

　　关键的时候，他总是缺少稳重的男人风度。

　　李清照望着那远去的背影异常担忧。每逢大事应该有静气，可刚刚经过那么一次大挫折的赵明诚，竟然还是太缺少静气。文弱的背后，透出处事的草率和鲁莽。

　　那正是盛夏时节，一路疾行，暑气难耐，当赵明诚路过江宁时，不幸病倒了。这城，赵明诚是有愧的，正是这愧疾攻心，再加上暑气上身，才使他病情急剧恶化，待李清照匆匆赶来时，他已经奄奄一息。

　　赵明诚病逝在这里，似在以命谢罪。这是给国最后的交代，是给这城最后的交代，也似是给李清照最后的交代。

　　在南方漂泊的这些年，赵明诚虽然多有过错，但毕竟是李清照一路同行的那团老家的泥土，给她的断根有所呵护，给她唯一的亲情和温暖。如此，赵明诚病逝，在江南的凄风苦雨里，就剩下了孑然一身的李清照了。悲痛欲绝的她，在赵明诚的坟前，发出了恨不以身替死的悲情祭语：

> 白日正中，叹庞翁之机捷。
>
> 坚城自堕，怜杞妇之悲深。

在这无底的悲伤里，李清照病倒了。然而，江湖上突然传来了"玉壶颁金"的传言。说是赵明诚为了讨好金人，将家中珍贵的玉壶献了出去。

赵明诚尸骨未寒，就遭受如此大辱，李清照悲愤交加，决心将手中的文物，献给朝廷，以证丈夫的清白。

此时，皇帝的脚步正凌乱而急促，在江南的泥泥水水里，心神不定地踉跄着。李清照也只能拖着病弱的身体，深一脚浅一脚地追逐着。可皇帝匆匆奔跑的脚步，怎么能是她一个年近半百的老妇人能追赶得上的？她望着皇帝飘忽不定，而又渐行渐远的身影，大口大口地喘息着，悲愤交加。

在这有气无力地追寻里，李清照携带的文物，或被抢，或被盗，或遗失，一路损毁着，当到达临安的时候，几乎散失殆尽，再没有什么可以拿得出手的，献给那个惊魂未定的君王。

临安，毕竟是宋高宗停下脚步，开始盘点残山剩水的城。李清照，以为在这里可以安心，也可以安命，可她还没顾得上理一理乱纷纷的发髻，定一定心神，一个男人却扰乱了她的生活。

这个叫张汝舟的男人，他说可以陪她泛舟西湖，听最美的江南雨，品最美的江南月。再者，这个北方的男人，在他的口音里，的确能让李清照听得到熟悉的乡情。

此时，李清照已经不是一个风华女子，身心疲惫的她，只想有一个人可以靠一靠，有一个地方可以坐一坐。她，实在太累了。一个女人，独在战乱里，漂泊异乡，那是多么艰难！真的，她只需要一个遮风挡雨的屋檐就可以，不再奢求诗词和什么风花雪月。

她，改嫁给了张汝舟。

谁知道这是一场大错，张汝舟这个骗婚骗财的男人，让李清照陷入了一场生命中的奇耻大辱。当她拼尽全力走出这场苦难的时候，这个才情盈天的女子，已经顾不了什么，伏在弟弟的肩上，在临安的街头号啕大哭。一场空前的浩劫，竟然将一个高雅的女词人，逼成了披头散发的样子。

这一场难以名状的劫难，几乎耗尽了李清照最后一点儿气血，可她不能不打起精神，因为赵明诚的《金石录》还没有完稿，那是丈夫唯一的遗愿，她必须完成。

摊开那些书卷，推开窗子，李清照的心情舒畅了许多。此时，虽然已经秋色渐起，院子里的芭蕉、竹子、芙蓉都有了些黯然的色彩，可她觉得这是别样的明媚。

她好久没有看一眼她热爱的这些草木了，那些原本并不熟悉的草木，渐渐也觉可爱起来。

草木，是有灵性的，你若心怀春风，它自会欢意满枝叶。你若心有怨尤，它必是悲情自根生。

绍兴四年的秋风里，李清照的那座冷清了许久的小屋里，飘起了淡淡的墨香，她开始日夜不停地编校着《金石录》。

五十一岁，李清照用尽生命里最后的心血，写下了《金石录》后序的最后一个字。然后，将这部用她和丈夫毕生心血凝成的文稿，呈献给了皇上。南宋的皇帝，武事是靠不住的，这样的文事还是可以勉强托付。

最后的日子，李清照曾经想将自己的平生所学，倾囊相授予邻家的一个小女孩。因为她从这个孩子的身上，看到了自己孩提时的影子。小女孩的确是聪慧的，她的回答却是出乎意料地犀利：“才藻非女子事也。”

这话，让才压须眉的李清照竟然怔在了当场。她真的找不出一句恰当的话来应答。

诗词文艺，在岁月艰难中能改变什么？在历史狼烟里能改变什么？

远的如词帝李煜，就算他才高如许，在赵匡胤和赵光义面前，不也是受尽了羞辱？更近一些的岳飞，尽管诗词如旌旗号角，又何曾唤回奸臣昏君的一丝丝良心？

在那个乱世，李清照真的不知道该如何说服那个孩子。她，退出邻家的大门。临安深深的小巷里，留下一个衣衫半旧的落寞身影，蹒跚复蹒跚。

李清照也曾远去金华，期望寻找适合心灵宁静的地方，也曾一时沉醉于自己好赌的习性里。然而，在这更南的地方，几乎听不到乡音。她恍惚着，还是折回了临安。那里，毕竟是帝王的城。离皇帝近的地方，大约应该离复国的梦更近一些吧。但这个皇帝太让人失望了，她在这失望里，枯萎了一切的心智，沦落成一个市井老妇人，无声无息，再无诗词。

（四）

此时，正是四月，杭州，这个曾经叫着临安的南宋都城，正有着一片可人的江南色。其实，这里的景色一直是美的。望向那里，我心中却泛起了许多的悲凉，这旖旎万千的美景，不正是李清照那时的江南嘛！

但我依然在这里，寻觅着她曾经的足迹。或许一朵花的绽放，就是她的一声叹息；或许一棵草的摇曳，就是她的一缕乡愁；或许一杆老枝的折断，就是她绝境中的悲恸；更或许一只鸟的啼鸣，就是她挣扎里的呼喊。

杭州的西湖是美丽的，那湖中是有荷的，更何况那岸边还有前辈苏东坡种下的柳。爱水爱荷亦爱柳的李清照，应该是在西湖的边上徘徊过吧？可李清照的文字里，却从没有过这片景色的痕迹。

那里，一定游人如织，也一定不缺画舫往来，更应该有歌伎在抚琴唱和，可李清照一点儿也提不起兴致。那光影和绿荫深处，透着的是暮气沉沉的味道。她想到的是唐朝诗人杜牧的那首《泊秦淮》：

烟笼寒水月笼沙，夜泊秦淮近酒家。
商女不知亡国恨，隔江犹唱后庭花。

陈朝陈后主的金陵沦陷了，南唐李后主的金陵沦陷了，谁还能预料明日的西湖水，会不会成为昨天的秦淮河呢？

此时的南宋，一个没有志向的帝王，一个没有希望的国，怎么能不让人绝望呢！

水边出生，水边成长的李清照，何以不爱西湖呢？对于遥望着北方的她来说，这水，就是她的一片忧伤，仿佛一汪深深的家国泪。

李清照和这西湖，本应是诗词和美景的完美邂逅，但那一刻，却是错的时光里的错的相遇。两两相望，各自成殇。

我们可能不记得一个叫林升的诗人，可我们一定记得他愤而写在寄住的旅馆墙壁上的诗：

　　山外青山楼外楼，西湖歌舞几时休？
　　暖风熏得游人醉，直把杭州作汴州。
　　　　　　　　　　——《题临安邸》

欢的江南，让人更深知了悲的江南，在那原本应该婉约的江南，李清照写尽了豪放的悲愁。一个曾经自比桂花的才女，却和这满城桂花毫不相宜。她是在苦寒中离开的，瘦衣着霜，抱香而去，不知归处。

在越来越深的怀念里，我对自己生出诸多的恨来。她少女的活泼，让我恨不成邻；她汴梁初嫁，让我恨不能贺；她向远方漂泊，让我恨难相送；她江南的无奈，让我恨不能助；她默默归去，让我恨难凭吊。

据说扬州有李清照的一座坟，而在北方的济南，也有李清照的一座祠。这让很多人迷惑。也许这是对的吧，当年的潦倒江南，最终身葬南方。可她一定是心向家园的，为此也就魂归北方了。

水的扬州，泉的济南，一南一北两个地方，也就让她有了身心所依。的确，她是应该归于水的，可这两个地方，依然无法确认是否是李清照的身后归处。

世界茫然，茫然的世界却突然有了开悟。天际，也许就是李清照最后的归处，遂以她的名字命名了水星上的一道环形山。水星，那里有水吗？有水，她就作那荷。若没水，她便作那泉。浩浩天际中，定有一个水作的灵魂。

·朱淑真·

梦里不知身是客

《断肠集》果然断肠，残破的半卷，正是她残破的半生，如花似玉的一个才情女子，只落得水火不容，成无叶无根的悲凉，无处问生死。美人如火，魂如烟，一灭，一散，都是空。

（一）

　　北宋悲，南宋难，时光竟然将一个朝代的历史给腰斩了。戎马铿锵的宋太祖，若是看到他身后是这样的景象，该有怎样的心情呢？当然，我们只能这样无聊地设问，却永远得不到答案。

　　痛心疾首又能如何，岁月就是这样江河日下，没有谁能够逆转。当年"黄袍加身"的突然变故，让后周柴家儿女不也是一样地难以接受吗？

　　风，何时考虑过旗帜的志向？都是旗帜顺从了风的安排。那哗啦啦的声音听起来很振奋人心，其实不过是顺势而为的立场。

　　历史，就是在这快刀斩乱麻，又藕断丝连中进行着。更何况那撕裂的疆土，半残的山河，毕竟还是他赵家的宋，这应该让赵匡胤的亡魂稍稍得到宽慰。

　　绍兴五年，南逃的宋朝君臣惊魂未定，江山还在凌乱。朱淑真，大约出生在这个时候。

　　朱淑真，南宋时期一个诗词俱佳的女子，烟雨的江南，她如烟雨，让人看不真切，说不透彻。

伴她成长的，是南宋的国情渐渐有所起色，况且她家境还算富足，还有疼她爱她的父母。为此，朱淑真少女的心里一片明媚。衣有锦，食如玉，然而，她不醉心于奢靡，也不留恋女红，她喜欢的是琴棋书画，尤其擅长诗词，闺阁里，她就被人们赞为才女。

那个女子无才便是德的旧时代，多少所谓的才女，能够安然一生呢？隐隐约约地，让人有些不安。最初的美好，往往不是最后的周全。红颜，多为祸端侵扰。

她提笔作画，画，大都是精品。据说她的《梅竹图》，画得很不错，名家们赞叹不已。她提笔写字，字也不凡。她的书法，更是不乏珍品，一卷《香阁秀翰》，让一代代文人爱不释手，各路名家每每遇到，常常题跋在上。这画，豪门大家争相收藏。相传在清代，这幅真迹还时不时地隐约可见。可惜，时光流逝，到了今天再不知影踪。

一幅字画，在晚清和民国那样生死难料的大离乱里，或许太过于无足轻重，遗失和毁弃都不出意料。

传说朱淑真演奏乐曲，都能让枝头的鸟儿忘了歌唱，惊呆在枝头。只是她的七弦琴，也早已弦断九百年。

好在还有诗词，还有《断肠集》传到了今日，尽管是百不存一的文字，但还是能让我们了解一些朱淑真零零散散的悲欢情愁。

宋朝，虽然对女子的礼教算是比较宽泛，但天下毕竟还是男人的天下，他们可以尽显文武风流。然而，多少极具才情的女子，只是闺阁时昙花一现，待在父母之命的催促下，从上了大红花轿的那一刻，便再无声息。尤其在南宋理学逐渐兴盛的岁月里，朱淑真能够留下半卷悲叹已然不错。

《断肠集》仅有残破的半卷，也正是她残破的半生。这更让人怀想她的字画，那些大都是快乐时光的印痕，这些墨迹和色彩的缺失，让今天的人们只能看到她的一个悲伤侧影。

江南的女子，本就如一场缠绵的梅雨。擅诗词的她，也因此多了绮丽万千。她有易安的才气，却没有易安的运气。她是自由的心怀，却不逢自由的天地。于是，在男女之私的情感上，就惹了一片女人的声名狼藉。让父母的爱，也成了恨。尽管那恨里也有无边的爱，可面对汹涌的世俗流言，他们不得不痛下狠手。

任何时候，所有个性的追求，都难为众人接受，也少有世道周全。更何况那远远的老时光里，她那女性自由的渴望，终是被斥为败坏门风。

再坚强，朱淑真终究是个女子。女子，终究是柔软的，无力承载太多。四顾茫然，需要的那个肩膀实在是靠不住。她，不得不放弃自己，不得不放弃形同虚设的那个他。

其实，痛到极点，反倒是一种释然。就像花朵面对一瓣一瓣的凋零，冷冷的，把所有的心事向世界打开，赤裸裸地归去。有没有结果，都是结果，生与死的这段距离中，只想不负自己。

朱淑真原本想投水重生，化成一朵莲，只可恨那世道不容她柔情归水，在一片斥骂声中，怒将她焚身在火。可怜一缕香魂化成缕缕烟尘，让人无处寻她的生，让人无处觅她的死。

她的人生，也就成了大约的人生。大约恋过那个谁，大约嫁了那个谁；大约老家那个村，大约家在那个城；大约那年生，大约那年死。

　　朱淑真，来也大约，去也大约。如花如朵的一个奇女子，就这样落得水火不容，成无叶无根的悲凉。今天的我们，只能痛心疾首地回望着那团火焰，摇摇头，说一声红颜薄命。

　　多少叹，美人如火，魂如烟，一灭，一散，都是空。

　　朱淑真一生爱梅，却难留清骨在世间；她一生爱竹，却被世风毁了清节；她独爱春天，却不曾花开。柔肠里，只有说不尽的愁。

　　相传朱淑真为朱熹的本家侄女，如此儒学深深的庭院，应该更容不得她离经叛道，这是否是她悲剧的一个重要原因？

　　此时的四月，紫丁香花半开半落。她，是在枝头，还是在草丛呢？

　　朱淑真的愿望，本想做一个木本女子，能够自主光阴。情有花开，愁有叶落，与那个他相守四季光阴的起起伏伏。一起从初月看到月圆，再从月圆看到月残。悲，是两个人的悲；欢，是两个人的欢。

　　如此，就是最好的人生。那人是知面知心的男人，那人是清风朗月的男人。他是她的并蒂，她是他的倒影。

　　可她朱淑真想做一株稍有腰身的灌木都不可能，最后还是成了草本的自己，风短雨短，生死两茫茫。

　　那幽怨，应该是和此时的二月兰一样的吧。紫紫的，在低处，如豆如蝶；浓浓的，在心里，如愁如恨。文艺而伤感，诗意而梦幻，沿着细细的田野小道，一路铺开来，悄悄地染了谁的心，轻轻地湿了谁的衣。

（二）

　　文艺的朱淑真，也曾有文艺的初相遇，有晴有柳荫，有雨有花伞。

那时，为官一方的父亲，爱她如掌上明珠，百般呵护，百般教育，使她美貌又有才情。

心有诗情画意的她，情感总是萌动得早，小小的淑真，就对未来的他，有了笔墨生香的勾画。

> 初合双鬟学画眉，未知心事属他谁。
> 待将满抱中秋月，分付萧郎万首诗。

将来，她和她的他，应该是弄玉吹箫的欢；她和她的他，应该是万首诗可歌可唱的情。

期待着，期待着，的确也一步步靠拢。她，有着一段青青的娇媚岁月，含着苞，带着露。案上，有墨香；窗外，有梅香。日子，就像宣纸上晕开的一幅山水画，浓淡两相宜。

宋朝，举国崇尚文学。文化的繁荣虽然在"靖康之耻"的狼烟里，有了一段时间的萎靡，成为战乱之中的残花败柳。但随着南宋的慢慢安稳，又渐渐恢复了颜色，文人雅集也兴盛起来。厅堂的，亭阁的；官方的，私我的；预约的，即兴的。虽然这样的诗词聚会很多，却不似北宋时那样宽泛活跃，尤其对女子的举止多了一些严苛，虽然朱淑真深有诗词之名，却不能像当年的李清照那样，坐在一群男人中间，诗词应答，也就没有了一鸣惊人的机会。但还好，能静静地坐在一旁，欣赏文人墨客们诗来词往的畅谈也算畅快。

其实西湖边的亭台里，那个诗会是即兴的，站的、坐的、来的、走的都是那么随意。忽然而至的一位少年，衣衫毫不富贵，却颇有雅气，身影略显清寒，却是动静得体。偶尔吟一首词，却是如月如莲的俊逸，是那么的谈吐不凡。

他，是惊艳的，就像沉沉的夏日雨后的彩虹，弯弯的，是女子心跳的色彩。

那边湖畔的莲蓬上，有一只翠鸟啁啾，轻快而调皮，就似朱淑真此时的喜欢。

的确，朱淑真是喜欢的，待人都散去了，那人也消失在西湖柳的烟雨色里，她还傻傻地坐在那里。远天，弯弯的月，是那西湖的小船。谁是那荡桨的少年？谁是唱《坐船头》的那个少女？

没有，没人回答，天边，只有一抹羞红的云霞。

回到家中好几天，朱淑真依然是心事缤纷，颜色离乱，想着那场诗会，念着那人。她倚着一帘阳光，低低地吟诵着：

> 门前春水碧于天，座上诗人逸似仙。
> 白璧一双无玷缺，吹箫归去又无缘。

那衣衫如仙的男人，正是完美的梦中伴侣，两只燕子，来来回回地，穿过那西湖的柳。柳絮飘飞着，像谁的心事。

她自己都不知道，会把那个吟诗的少年，如此放在心上。只是这样的诗会，太过临时，太过随意。人，来自东西；人，也散去西东，多是再难见面。朱淑真也以为这样的错过，就是错过了一辈子。所以，她叹。所以，她也有懵懂的欢。

缘分，有时候就是这么奇妙，萍水相逢的一眼遇见，却常常是一生刻骨铭心地放不下。更让人惊喜的是，一回首，那个他，竟然就在眼前，随之迎来的是四目相对的怦怦心跳。

说来真是奇妙，那一天，朱淑真的父亲和一个少年说说笑笑着迈进了家门。那少年，恰恰正是诗会上的那个他。

他，是一个进京赶考的学子。

在旧时，常常有这样的求学的士子，为了有一个更好的读书环境，为了有一个更好的求仕之路，托借各种关系，寄居在条件优渥的大户人家。那人家，或是权贵，或有名望，好似那王谢门楣。

这学子，不知是远亲，还是旧情？但喜出望外的朱淑真，根本没有听清大家说些什么，只傻傻地愣在了那里，有些不知所措。待丫鬟叫了几声，她才如梦方醒。脸颊一红，只说是院里池水晃了眼睛，就急忙转身去收拾客房了。

那天，细雨如烟，池水哪会晃了眼？身后，父亲看着她匆匆绕过假山石的背影，嗔怪地笑了。

那时，父亲那么宠爱她，视她为掌中宝。朱淑真曾在《璇玑图记》一文中，这样写道："初，家君宦游浙西，好拾清玩，凡可人意者，虽重购不惜也。一日家君宴郡倅廨，偶于壁间见是图，偿其值，得归遗予。"

如此珍贵的《璇玑图》，父亲都舍得买来送给儿女，由此可见父女情深。

人们常说的"男女有别，授受不亲"，在唐宋旧时，似乎并不像我们想象得那么严苛。穷书生寄居官宦人家，与小姐朝暮相见，他读书，她递茶，怎么看也像是父母悄悄默许的样子。

如此往来里，一个有"授琴之挑"，一个无"投梭之拒"，也就成就了戏曲中那私定终身的故事。

　　这样的事，帘幕后面的父母哪能看不清，可他们常常是窃喜的。在他们的心里，也期待穷书生有朝一日登上皇榜，可以不负小姐的芳心暗许。然后鼓乐一路，大红花轿到府门。这姻缘，父母称心，女子如意，确是难得的花好月圆。

　　但，缘分没有定式。红豆虽美，也只是一味药材。用对了，一生顺意；用错了，诸般痛楚。

　　的确，《西厢记》那样的圆满也有，《莺莺传》那样的遗憾也有，才子佳人中，有形形色色的长情短欢的爱恨反转。说好了等风也等你，却常常是，等你就成了实实在在的等风。

　　说到《莺莺传》，不得不说它的作者元稹。据说，这书原本是描写他自己的一段情感历程。这个为亡妻写下"曾经沧海难为水，除却巫山不是云"的至情男人，好似一生从没有专情过，移情表妹，负情薛涛，霸情刘采春，真是爱如沧海，心若流云。《莺莺传》，也不过是他给自己的不爱，寻找的一个借口罢了。

　　他有才情，亦滥情。

　　想那薛涛，被负情后，一袭道袍遮挡住万千红尘事，榨出情感的汁液，在浣花溪边晒成五彩的诗笺。这彩笺，为众人喜欢。想那元稹一定也是喜欢的，可他，却在彩笺上写下千般的情话，毫不知耻地寄给一个又一个。

　　"精彩"的负情，常常胜过无言的真爱。如此不知惹了多少女子心甘情愿的伤痛，不仅一生不悔，甚至还期待来世的相约。然而，三生石上那人不曾写下誓言，奈何桥头那人更不曾等待。来生，是一句最骗人骗己的谎话，是那花叶不相见的彼岸之约，还不如许一帘窗前的花影，枝叶交错地，伴人入梦，哪怕醒来如风。

朱淑真和那寄居的书生，也再次上演了芳心暗许，他们不仅在私宅里往来走动，还常常相约，游玩于城内城外风景宜人的好去处。

恼烟撩露，留我须臾住。携手藕花湖上路，一霎黄梅细雨。
娇痴不怕人猜，和衣睡倒人怀。最是分携时候，归来懒傍妆台。

一场烟雨，真是擎起云烟的幕帘，朱淑真的这首《清平乐·夏日游湖》，已经道出她和他已是情到浓处。一个女子，如此睡入人怀，那是何等的胆魄和勇气？

她和他，断桥应该是去过的吧？那长桥也应该去过吧？那西泠桥更应该去过的吧？

那桥叫断桥，桥却未曾断，许仙和白娘子，早已两不见。

那桥叫长桥，桥却不长，梁山伯与祝英台的十八里相送，仅留下青冢前的蝶双飞。

那桥叫西泠桥，冷冷的桥畔，也不过是苏小小的"恨血与啼魂，一半逐风雨"。

当然，还有孤山。那个种梅养鹤的北宋才子林逋，都以为他是陶渊明一样的大隐者，任孤山清傲的梅影，落了一湖，然而，他坟中那一砚一钗，却说透了他红尘中的生死遗憾。

杭州，景色旖旎，却掩映着无数情感的凄艳。这些，让芳心如花的朱淑真，都没有心生悲凉，她相信，她和她的他，定会拥有千般好。

用情也用心，朱淑真对于这个少年，是深有期待的，常常鼓励他，不断地写诗督促他上进，以期待他早日金榜题名。

如此下去，可能真是一个好的结局。朱淑真这个可比李清照的才女，也会有一段你侬我侬的爱情。也不知哪一个城，能有幸可比了李清照那"睹书泼茶"的青州？由此在那书香里，共度春秋，共写风雨。

不知是少年愚笨，还是太过贪欢，几次考试，他却不曾登上皇榜。朱淑真对铩羽而归的他，依然一心一意着，可谓情比石坚，一转眼又是多年过去，再逢科考。她为他写词勉励。

春闱报罢已三年，又向西风促去鞭。屡鼓莫嫌非作气，一飞当自卜冲天。

贾生少达终何遇，马援才高老更坚。大抵功名无早晚，平津今见起菑川。

——《送人赴礼部》

此去京城，考取功名更好，若是功败垂成，也不要气馁，一切，都还有机会。这嘱托情深意远，那少年不会不懂，他的别时情一定也如春，他的别时意一定也如花。但此一去，谁知他再无音讯。

是又一次名在榜外，愧见朱淑真？还是大喜登科，负了这段情？

春风几度，只见草青青，从不见喜鹊报花枝。期待，那春草一样的期待，终于成了寂寞的秋枝，还是叶花两不剩的秋枝。那把在雨中等待的花伞，已经老了颜色。朱淑真那颗蜡染的心，也疲惫了。但她依然期待着那个人突然而至，与她相逢花开时节。

她如梅，等在雪里；她如竹，心念着云天。

（三）

少女的初心，一用情就是真，相遇了那个人，再没有别个他。然而，最真的情，却往往遭遇最深的伤。

朱淑真听一院细雨，看一窗月光，思一篱蔷薇，念一架葡萄。开始的等待还是那么明媚，但日子渐深渐远，不由得暗了颜色。在闺阁里，也慢慢地发起呆来。

> 停针无语泪盈眸，不但伤春夏亦愁。
> 花外飞来双燕子，一番飞过一番羞。
> ——《羞燕》

花开时节，没有消息，春老夏至，也不闻人语。那双飞的燕子，都在羞臊这个孤独的女子呢。

女孩的青春是最易老的，就在那花开的一刹那。几年的真情守候，就这样被辜负了吗？再痴心，谁经得了日复一日地捶打？默默地等待，终成于闺房里的幽怨。

> 纤纤新月挂黄昏，人在幽闺欲断魂。
> 笺素拆封还又改，酒杯慵举却重温。
> 灯花占断烧心事，罗袖长供挹泪痕。
> 益悔风流多不足，须知恩爱是愁根。
> ——《秋夜牵情》

女子，最经不起时光荏苒，如此啁啾于相思，若传出去，难免惹些闲话。

该嫁就得嫁了，不能老在时光的枝头空待，要不真成了笑柄。

多少邻家的女孩子，早已经在多年前上了花轿。朱淑真有等待的意，家人却再无等待的心，父母就在她的声声怨里，将她许了个人家。

这是一个怎样的人家？有的说是为吏，有的说是经商，有的说是市井，有的说是乡绅，直到今日，也是众说纷纭。后人魏仲恭在《断肠集·序》中说："早岁不幸，父母失审，不能择伉俪，乃嫁市井民为妻。"如此看来，朱淑真应该是没有嫁入一个有声望的人家。

想这朱淑真，美貌不凡，才情卓绝，又得父母宠爱，为何嫁得如此草率呢？一来可能是她花容渐老，二来是身上有了风言风语的恶名。

少男少女的两情相悦，虽是美事，若不能圆满，往往便有这样的遗憾，初定情，也被斥为乱情。为此污了清白的，也大有人在。一个待嫁的女子，最怕的就是这样的风言风语。

朱淑真应该也是为初情所累。最初的娇羞，的确是那烟雨中含苞的样子，可不管多么妩媚，多么一往情深，却再也没有了绽放的机会。于是，就成了一辈子的结，症结。暗暗地，在心头，每有风吹草动，就会隐隐作痛。

对于自己的婚事，她最初的拒绝也不是那么强烈。嫁了，她也想从此琴瑟和鸣，白首一生。只是，她有风情，他却无文雅。

开始的时候还好，也有相见欢，也有相别念。那时，丈夫为生计远游他乡，朱淑真相思难解，于是写下了《圈圈诗》，也想圈起她和他的一片芳草萋萋。

丈夫接到满是圈圈的书信，大惑不解，诧异了好久，因了仆从的帮助，他在背面才发现了几行细若蚊足的小楷字：

相思欲寄无从寄，画个圈儿替。

话在圈儿外，心在圈儿里。

单圈儿是我，双圈儿是你。

你心中有我，我心中有你。

月缺了会圆，月圆了会缺。

整圈儿是团圆，半圈儿是别离。

我密密加圈，你须密密知我意。

还有数不尽的相思情，我一路圈儿圈到底。

这些活泼风趣的诗句，是出于朱淑真当时的真心，也打动了远在他乡的丈夫。于是，第二天他就买舟还家，和朱淑真共话团圆了。

那时，人还新。那时，情还鲜。再说，这诗是通俗易懂的，丈夫才有了应答。时日稍多，文采满心的朱淑真，不能总俯下身子写些这样的句子。她，稍稍加些风雅的味道，丈夫就听不懂了。一天又一天，朱淑真想改变他的一身俗气，可在一次次的努力下，彻底地幻灭了。两个人，渐渐格格不入。

风可扬沙，但沙终不能随风，它们本不是同味。

后来，朱淑真也曾随着丈夫游走在吴越荆楚之地，原以为慢慢就生出融洽，实际却是渐行渐远。雅心和俗骨，哪儿会有鱼水之欢？朱淑真渐渐沉默了，在这段行走的时光里，她没有写下关于这片山水的只言片语。

行走，是独自行走；跟随，是无言跟随，那还不如各行其道。从此，他走他的路，她守她的家。男人的一路行走，可以一路花开。女子的家中相守，却是寂寞难言。寂寞，就生了幽怨。

> 鸥鹭鸳鸯作一池，须知羽翼不相宜。
>
> 东君不与花为主，何似休生连理枝。
>
> ——《愁怀》

老天不能与人做主，为何还要乱点鸳鸯谱呢？

幽怨里，朱淑真首先是想家的。想回父母的家，那里毕竟有孩提的天真，少女的烂漫，和初心的羞红。她在给父母的信中写道：

> 去家千里外，飘泊苦为心。诗诵南陔句，琴歌陟岵音。
>
> 承颜故国远，举目白云深。欲识归宁意，三年数岁阴。

看到这篇《寄大人》，父母的心是疼痛的。于是，他们答应朱淑真回到了家中。那家，又成了她的家，这让朱淑真又想起了自己的曾经。谁知，本来想解新愁的，却又念起了旧愁。伤情人的心里，哪还有春风？

> 独行独坐，独唱独酬还独卧。伫立伤神，无奈轻寒著摸人。
>
> 此情谁见，泪洗残妆无一半。愁病相仍，剔尽寒灯梦不成。
>
> ——《减字木兰花·春怨》

一连串的独字，那是多深的寂寞啊？和李清照那阕《声声慢》中的起句"寻寻觅觅，冷冷清清，凄凄惨惨戚戚"，是一样的疼痛。

（四）

有传言说，朱淑真回到父母的身边，是决意要和丈夫断了这段婚姻的。可这，怕是很难。

父母允许她回家，应该是为解她想家念亲的情怀，并不会纵容她有这样的打算。当朱淑真提出这样的想法时，他们是震惊的，并极力反对，也就恼怒地禁止她离开家门，甚至出入闺房都有了一定的约束。

家法，是一把重锁。

初嫁时的朱淑真，曾经画了无数个圈，但没有圈出自己的一片爱情花园，却将自己就此圈禁了起来。然而，在这深处死夜的寂寞中，一个消息却似一缕春风，吹开了她心中的这片冻土。

当年的那个他，竟然就住在不远的地方。

朱淑真难掩心中的激动，急忙写信捎了过去。可一等再等，怎么也没有回音。

是父母劫获了那鸿雁之书，还是那人胆怯于这段情，不肯回应？一切，又归于死寂。朱淑真只能以诗词解愁，却是越解越愁。

那时的元宵节，可以说是红男绿女们的盛事，更可以说是女人们的大解放。因为这一天，女人们都可以大大方方地走出家门，在灯火闪烁的深处，流连忘返。等一个谁人，或许一片芳心。

这样的夜晚，自然就生出些男情女爱的故事，在无数文人的诗词中光影迷离。然而，透过这些平仄的文字，往往能透视出一种荒诞的底料。那些男人的艳遇之欢，却往往成了女人的失情之耻。这繁华满天的烟火，原本是容得男人偷心，却不能容得女人动情的，真是一场荒唐的狂欢，是一番经不起推敲的悖论。畸形得如此可笑。那明月，是男人怀中偷藏的美人镜，却是女人墙上的大画饼。

朱淑真就在这个元宵节里，见到了那个他。经年又经年，来不及问彼此可好，已是泪眼相望。任身边的一切热闹非凡，他们只是痴痴对望着，默默对望着。不说一句话，却已经胜过千言万语。

重逢，何必说谁负了谁，一切都已经成为往事，面对当下可好，只享受这一刻灵魂的缠绵。

这是，他们的良宵。

自古是良宵太短，转眼即是旭日染天。相别后，那人郑重许诺，明年的元宵节还是这样的相见欢。朱淑真依依不舍，叹道：

> 火树银花触目红，揭天鼓吹闹春风。
> 新欢入手愁忙里，旧事惊心忆梦中。
> 但愿暂成人缱绻，不妨常任月朦胧。
> 赏灯那得工夫醉，未必明年此会同。
> ——《元夜三首·其三》

从这诗意里，似乎看出那人想来是娶亲了。而此时的朱淑真，不管与丈夫还有没有婚姻的旧约，但再和他交往都是不妥当的，然而，她却顾不了这些。的确，有几人能冷静面对这样又惊又喜的相逢？

她，要做一个奋不顾身的飞蛾，扑一场情感的烈火。情感，看起来像很美的罂粟，却也是戒不了的毒。

别了，虽然寂寞，却也是未来可期。朱淑真的心，就成了一条小溪，虽然还曲折着，但语调里有了叮叮咚咚的欢声。向左向右，闪烁着，蹦跳着。

有了方向的流水，才不会凝滞。此时的她，就是这流水，她以为，那句相约就是真正的方向。

七夕节，对于少男少女们来说，是一个好节日，葡萄，已经满架。王母娘娘都肯放弃清规戒律，成全牛郎织女鹊桥相会。这世间，也定会喜事连连。

朱淑真当然也期待，可没有他的约，也无法约了他。这样的日子，她只能叹息一声："天易见，见伊难。"那弯弯的初月，只是摇曳在别人心中的小船。

一切都在那喜而又忧的期待里，慢慢向前。春节，是世间万众最热闹的佳日。但，这在朱淑真心里，都可以忽略。终于，又到元宵节。

朱淑真在小时候，曾经写过一首这样的词：

弯弯曲，新年新月钩寒玉。钩寒玉，凤鞋儿小，翠眉儿蹙。

闹蛾雪柳添妆束，烛龙火树争驰逐。争驰逐，元宵三五，不如初六。

——《忆秦娥·正月初六日夜月》

弯弯的初六新月，像脚上小小的新凤鞋，也似铜镜里轻轻蹙起的女儿眉。那时的朱淑真，情窦未开，只在乎新衣新妆，哪会在乎红男绿女的十五？如今，情怀浓郁，那个小时候欢喜在初六的她，如今心里只有元宵了。

这一天，朱淑真翻遍所有的衣衫，都觉不如意。新的，怕那个他认不出；旧的，怕惹那个他嫌弃。只待街中的第一盏灯亮了起来，她才快步走出了家门。此时，她心如少女，心如那年。

心中有爱的人，总是准时，总是精确。可相约的旧地方，却不见那个他。朱淑真悄声嗔怪着，看来是自己来得太早了。不觉间，竟哑然失笑。

灯火，次第亮满街头；烟火，次第亮满了夜空。元宵节，渐渐热闹起来。而朱淑真的心，却是渐渐冷清的。她，还有天真。那个他，或许早已老熟。

他，终究是没有来。

一个一去多年杳无音信的人，偶然相遇后的一个约定，怎么可能是一诺千金的誓言！

天亮了，烟火散去，是一地狼藉；好梦醒来，是一片唏嘘。原来那样的相约，是从此风雨不相逢，就像那夜里最后一抹划过天空的烟火，渐灭渐冷渐虚空。

一切，都是散去的风。

失魂落魄的朱淑真，成了一个笑话。一个在婚姻里苦苦挣扎的女子，活成了街头上杂乱无章的流言蜚语。

这是一个女子的耻辱，也是家门的耻辱。这一切，让朱淑真的父母无法承受，他们将她，再次深锁在闺房之中。其实不必这样，朱淑真自己就会将自己深锁，因为外面再没有了她的期待。就算本应花好月圆的中秋节，也只剩她的声声叹息。

> 谁家横笛弄轻清，唤起离人忱上情。
> 自是断肠听不得，非干吹出断肠声。
>
> ——《中秋闻笛》

在这断肠声里，朱淑真悄悄来到西湖岸边。回望那个她曾经醉在少年怀的小亭，也能轻叹一声，自古多情空留余恨。回不去的往事，回不去的自己。她久久伫立在那里，夜凉已经冷透了身心。

岸边，一只小船的绳缆牢牢地系着，可明天，这船还会在湖水里畅游。系和解，都是爱。而她的船缆呢？已经让命运系了死结，无人来解，她也无力自解。这世界，无人可心动，无处可心动，于是她决绝地纵身一跃。

这是一个凌乱的夜，也是一个破碎的夜。夜莺的鸣叫，竟然意外有了几分凄厉，像是谁不安的悲鸣。其实，朱淑真是宁静的，她想让自己的灵魂就此归水。水是柔情的，也是包容的，她愿来生在水。若能做鱼，与爱同游；若能成莲，与爱并蒂。水枯水荣，都有彼此，相依生死。

然而，水没能成为她的完结。命运不肯给她一个安安静静的死，却给了她烈火焚身的煎熬和炙烤。

文载："其死后，不能葬骨于地下，如青冢之可吊，并其诗为父母一火焚之。今所传者，百无一存，是重不幸也，呜呼哀哉。"

她和她的字画诗词，被一同投入大火。烧成灰，化成尘，几生几死，肉身也不得聚拢，任魂无归处。这是多深的恨？

人成烟，诗文也成烟，着实让人悲叹。更让喜欢她的人，痛彻心扉。千年日月虽深，却仿佛能听到一个鲜活的灵魂，在那火焰中撕心裂肺的痛。一辈子挣扎，也只换来一个无处安身的命。爱起，爱落，被岁月冷冷地尘封。

据说，朱淑真的墓在杭州青芝坞。又有说，是在她的老家海宁。如此语焉不详，也就对了。那墓，定是没有碑刻，无梅也无竹，更无人去祭。荒荒的，低低的，一堆土，掩埋了她的一切。不，那里掩埋的，应该只是她身心和诗词的一把灰烬，她的灵魂还在幽游。

幽栖居士，生死都幽栖。在那朦胧的江南烟雨里，游走四处，不断地听雨打芭蕉。就在这芭蕉雨里，那个负了她的人，可曾有过一丝愧悔？可曾在祭日里，偷偷烧一叠纸钱，舞成黑蝴蝶一样的悲伤和怀念？

这应该都没有吧！不然，朱淑真的故事怎么会从此无影无踪。

朱淑真，也被人写作朱淑贞。她，让后人看不清影踪，哪来"真"？时人说她失了德，自是没有了"贞"。可叹这一生，不得情感安稳。好在有喜欢她诗词的人，于那飞舞的纸灰里，捡拾残红一样的字句，才能够有《断肠集》在今天的风里凌乱着，让我们断肠。

这世界，她来过。

· 辛弃疾 ·

醉里挑灯他看剑

　　霍去病，意去西汉之病；辛弃疾，欲弃南宋之疾。他和霍去病一样的姓名构架，一样的家国情怀。只可叹他的利剑，只抽出了一半，就被生生按回了鞘中，沉郁半生。任雄心满弓刀，却始终听闻不到战鼓号角。

（一）

苏轼在北宋，辛弃疾在南宋，两大豪放词人，一前一后，遥相呼应着，各领一时风骚。

词，当时流行于欢场乐地，多发燕语莺声之调，多为红情绿爱之味，听来让人身形摇曳，不觉就软绵绵地醉了。

这词，如女子手中的丝巾，遮己羞，让人迷。

苏轼和辛弃疾的词，与旧词风大相径庭，读来是舒筋活血的。尤其辛词，还能令人发汗，是治疗南宋人阳气不足的一味中药。但良药苦口，所以它才被帝王和苟且的佞臣冷落和嫌弃着。

旧词如草，大都妩媚于花叶，最多有一抹柔柔弱弱的梗，有露珠在上面悄悄地滑动着，像一滴美人的泪。而苏轼和辛弃疾，他们的词如木，通体有骨，逆风而唱，枝叶如歌，撕扯着一缕云，又一缕云。

苏的词，如果说是竹杖芒鞋行走江湖，有旗风，如小苏打对日子美味的发酵。辛的词，则是金戈铁马战沙场，有剑气，是对光阴的辛辣面对。

当然，苏轼的时代，正是宋仁宗富足和熙的好时候。若他发出刀弓的霹雳之声，的确不合时宜，是有悖常理的，但以他的个性，若遇家国狼烟，也一定会发出雷鸣之声。

有情怀的文人，在大是大非面前，怎能发些蝇营狗苟的悲鸣，蜷曲一隅呢？在国家存亡之际，哪能不虎目圆睁，奋勇争先？

想那和辛弃疾一样，在济南泉水边长大的李清照，本来是一个如水的婉约词人，一遇国难，不是也发出了豪放的悲叹吗？尤其那首乌江边的《夏日绝句》，声声惊涛拍岸，让天下多少男人汗颜！

一个才情绰约的女子，半如荷花，半随流水。是历史让她承受了无可回避的悲喜两重天，是时代让她发出了真汉子一样的怒吼。

辛弃疾，就是因势而起的英雄，本想搅动天地风云，光复山河。他有剑胆，也有文心，上马是侠士，下笔是词人，可谓占尽了日月情怀。

唐代文人多佩剑。剑，悬在腰间，连抽出来的机会几乎都没有，说是壮胆都谈不上，最多是一种文雅。宋代文人多执扇。折扇，兴起于宋朝。扇面上，或字或画，或字画相依，在一开一合中，把握风月。但，这怎么看也似孔雀开屏的招摇，讨一些欢心和关注。再比如说那时的男人，大都喜欢簪花在头，如果是今天，谁会看得了这种男人的媚气？

一时兴盛，一时人心，后人也许是看不得这些习惯的。不过，南宋的日子过得很不舒心，似乎簪花的心情也没有了，文字里，难见这样的叙述。

宋代，辛弃疾应该是少数几个佩剑的文人，当然，他更是一个将领，剑是他最不忍离身的器物。剑于他，绝不是虚张声势，绝不是唐朝文人那样的附庸风雅。他的剑，是满含杀机的，是嗜血的，是战山河的。那破空的光芒，照耀着无数人的梦，只待风起云动。

古人赞他：人中之杰，词中之龙。

但，说杰，只能是因为一时之勇，那匹正奔驰的骏马，却实实在在是被勒住了马缰，没能一直勇往直前。说龙，也只能是大半生盘曲着，不得伸展，无力腾云生雨。

他的许多词，起势如壶中温酒，随后气韵慢慢上升。沙场，战马，刀剑声，渐如狂风骤雨，然而到达境界的高峰后，却戛然而止。一切，都归于了一声叹息。

这，其实就是辛弃疾的人生。剑，抽到一半，被硬生生按回鞘中，再无出头之日。只能醉了，只能在夜里，偷偷看上一眼。剑面上映出的烛光，仿佛又泛起了战火中的激情，让他久久不能入睡，让他心潮澎湃。然而，一阵风吹来，烛火摇曳几下，灭了，剑光再也看不见。灭了的，还有那英雄梦。只剩沉沉的夜和无边无际的忧愁。

谁能知道那星无月的夜，无睡无梦的煎熬是多么地难耐！只待天亮，天却不亮。一个翻身，又一个翻身，还是在夜里。哪怕有一声蛙鸣也好，总能让死灰一样的心有所震动。没有，什么也没有。

陆游在《送辛幼安殿撰造朝》中说："稼轩落笔凌鲍谢，退避声名称学稼……大材小用古所叹，管仲萧何实流亚。"

这里是说，辛弃疾的文才，胜过鲍照、谢灵运，治国的本领，不次于管仲、萧何，但朝廷却大材小用，实在是让人叹息。

陆游一生爱国，也有和辛弃疾一样北伐复国的心，但这云天的志向，也一直不得舒展。他看辛弃疾，是否有如同看到自己的感受？不，他比辛弃疾似乎更悲哀。

辛弃疾归于朝廷之后，没能得到量才而用，他只能将一腔铁血情，赋予自己的辞章之中。有人评价他的词说："横绝六合，扫空万古，自有苍生所未见。"

千古江山，英雄无觅，孙仲谋处。舞榭歌台，风流总被，雨打风吹去。斜阳草树，寻常巷陌，人道寄奴曾住。想当年，金戈铁马，气吞万里如虎。

元嘉草草，封狼居胥，赢得仓皇北顾。四十三年，望中犹记，烽火扬州路。可堪回首，佛狸祠下，一片神鸦社鼓。凭谁问：廉颇老矣，尚能饭否？

——《永遇乐·京口北固亭怀古》

真是一阕铿锵词，两行英雄泪啊。曾经一鸣惊人，从此只能沉浮宦海。胯下那匹战马，被换成了一头瘸腿的驴，一程稻田，一程桑林，看一缕又一缕炊烟，在斜阳里悠悠升腾。他多想那就是狼烟啊，好让自己冲锋陷阵，利剑再出鞘。

暮色里，那边枝头上，一枝归巢的乌鸦在不停地聒噪着，似在嘲笑着谁。

（二）

霍去病，意去西汉之病；
辛弃疾，欲弃南宋之疾。
辛弃疾和霍去病一样的姓名构架，也有如霍去病一样的家国情怀。谋取江山周全，是他最大的心愿。

他，就是这么去努力的，去奋斗的。

辛弃疾，字幼安。想他小的时候，所在的家乡山东已经沦陷，为金兵把持，哪里有安呢？但细细想来，那时他还懵懂无知，应该像他描述的如自己小儿子那样，正在"溪头卧剥莲蓬"吧？谁的童年，不是一湾小溪流般清澈的样子？这，当是他唯一的安然。

后来，慢慢长大，心事也就多了起来。更不要说再后来，征战沙场，为国尽力，哪儿还有什么"安"呢？唯一的"安"，也只在幼时罢了。

辛弃疾和李清照，并称"二安"。

易安，"安"在屏居青州的十年；幼安，"安"在泉城孩提时的几载。"安"是那么匆忙而短暂，从此倥偬百年，一生欠安。

他们的安，都在北方，都是宋朝的旧山河。若没有战火肆虐，两位大词人，一定如泉如水，还会安守在故土。百脉泉是李清照的婉约，趵突泉是辛弃疾的豪放，两处相邻的泉水，彼此异彩纷呈。

只是没有如果，一切都是那么不可逆转地来了。李清照不得不将所有的美好都扔在了北方，背着沉沉的忧愁，向南而行。辛弃疾随后也向南而去，但他和李清照的无奈与狼狈不同，是怀揣着梦想而去的，是怀揣着回马枪的计谋，准备给金人一个一击必杀。然而，他们都没有回来，一个失魂于浙江的西湖岸边，一个落魄于江西的瓢泉声中。长江，成了词中龙凤的两个山东人，一去不能复返的天堑。

在异乡，如在天涯。

北方的泉水是他们的欢，南方的长江水成了他们的千古愁。欢是那么清浅，愁却那么深。

少年的辛弃疾，心无旁骛，喜欢在诗词里寻欢，如果就此一生，他或许只能是一个纯粹的文人，就算有些诗词为后人称道，也大概载入不了华夏文化的正册。然而，有一天，祖父带他登上了一座大山，指着山下说："这一片片的土地，是屈辱的，这土地上的人们，也是屈辱的。这里曾经发生过'靖康之耻'，徽钦二帝还在凄冷的北风里受难。"

这话，让辛弃疾震惊了。此时他才懂得，为什么在朝为官的祖父，总是愁眉深锁，不曾有过笑脸。

金，是别人的金；宋，才是自己的宋！

喝着趵突泉水长起来的辛弃疾，内心立刻翻滚起来，那是斗志的奔涌，是豪情的奔涌。他辛弃疾再不是那个"为赋新词强说愁"的少年。

是的，人怎么能苟且在别人的屋檐下，成为燕雀？好男人应该雪家国耻，图山河志，做一只击水三千里的鲲鹏。

文，只能呐喊，武，才能进击！辛弃疾，疯狂地爱上了剑，在每一缕晨光和月色里，磨砺着锋芒。剑是有品节的，剑是有操守的。辛弃疾手中的剑，左右的光芒里，就有了这样的山河大情怀。

醒来的少年，是无畏的。他已成了一位图谋光复江山的热血男儿，荡尘埃，澄玉宇，才是他的心中大志。他站在北方的风里，渴望着一个机会，去大展身手。

那年，二十二岁的辛弃疾，终于再也按捺不住，与自己的一众兄弟，拉起了一支抗金人马。为了集中有生力量，他会合了耿京的队伍，这支颇有声势的起义军，在江北左冲右突，呼啸而来，呼啸而去，搅扰得金兵心神不定。

然而，就在起义军声势渐起的时候，突然生出了变故，一个叫义端的和尚，为了一己之私，盗取帅印，逃向了敌营。

和尚义端，是辛弃疾队伍中的一员，这让一些人对辛弃疾生出些看法，更有人说出了许多偏激的话语。辛弃疾向来疾恶如仇，为证明自己的清白和大义，他一人一骑急追百余里，杀了义端，夺回了帅印，这一举动获得了大家的高度认可，也由此成了耿京的亲信。

义军的人数虽然越来越多，但因战力不足，粮草不继，在四面金兵的围困里，生存愈来愈艰难。

攻，就是一哄而上；退，好似一盘散沙。风来而卧，风去而起，这样一群缺乏训练的人，实在难成大事。辛弃疾看透了这一点，便和耿京商量，希望大家一起投身宋营，以期加强义军的素质，获得统一的调度。只有那样，才有光复山河的可能。耿京听了，频频点头，便写了一封信笺，派他送往都城临安。

他们以为，有帝王的地方，就会为天下谋略。民众的心，总是这么天真，可那一代一代的皇帝，哪个不是为了自己身上的龙袍，身下的宝座，而精打细算，何曾在乎什么百姓的江山社稷？

而此时正想向皇帝一步步靠拢的辛弃疾，是否想到了这一点呢？好在辛弃疾是为国请命，他想助力的是南宋朝廷，所以，宋高宗不得不善待辛弃疾。

的确，辛弃疾日夜兼程，面见了皇帝。宋高宗虽然是站在求和派一方的皇帝，但有队伍来投，还是大喜过望的，立马写下了奖赏的圣旨，交给辛弃疾。

　　辛弃疾再次逆风北上，心想有了帝王的承诺，能够携手南宋将领，如此一来，收复山河大业就指日可待了。他，是那么心潮澎湃，一路上快马加鞭着，耳边，只有呼啸的北风。

　　遭遇粮草困难的时候，应该是冬天吧！北方的山岭之间，已经落满了雪，在这寒意满满的季节，辛弃疾更急需将这春天般温暖的消息，带给北方的兄弟们。他相信他的话，会成为一堆堆篝火，照亮兄弟们的心。

　　一路向北的山水，越来越寒冷。然而，辛弃疾的心里，却是越来越激动。遥遥地，那山寨已经隐约可见。可越靠近，辛弃疾越隐隐不安。那招展的旌旗呢？那喧闹的锣鼓呢？

　　那里，太过安静，安静得像一片冰封的湖。难不成弟兄们等待得太久，都已经心生倦意？不会的，他辛弃疾日夜兼程，已经将速度提升到了极限，大家会懂，他们不会等得没有耐心。

　　辛弃疾在疑惑中，又狠狠挥起了鞭子，猛催了一下自己的战马。

　　追溯几千年历史，岁月的起起伏伏，都不会简简单单。一时的一帆风顺，接着便祸起萧墙，从而功败垂成。这一次，又成了一件憾事。

　　起义军，果然出了大事。

　　曾经兴高采烈的辛弃疾，飞驰进义军的营地，顿时心中一片冰凉。营门歪斜，刀枪七零八落，所呈现出的是一片大浩劫后的狼藉。这里，成了一座空营。

　　辛弃疾被眼前的景象惊呆了。

　　此时，几个躲在草丛的义军兵丁，小心翼翼地走出来告诉辛弃疾，首领耿京被张安国杀了。几个人说起那血腥的场面，还心有余悸。

而张安国，已经投奔金兵大营。

辛弃疾听后，顿时热血奔涌，那原本冰冷的剑柄，在手中已握得滚烫，他高呼一声，猛磕马镫，像一道闪电，冲向了敌营。身边一众义愤填膺的弟兄，也紧跟而去。风，再次咆哮起来，裹挟着山岭间的冰雪。

五十人，五十骑，倏忽之间杀进了敌阵，直取核心营帐。那个正高举着酒杯欢笑的叛贼张安国，在愣怔之间，就被辛弃疾擒上马背。小小的一队人马，在五万敌军中杀进杀出，却毫发无伤，真是奇迹。

这一仗，可谓"万花丛中过，片叶不沾身"，让辛弃疾名声大振。那些因"耿京事件"溃散的义军兄弟，又重新聚拢起来，收拾刀枪，整理装束，簇拥着他，奔向了江南。那时，辛弃疾和他的兄弟们，心情是激荡的，是向暖的。因为这样的南下，是为了更好地北进，让南宋去南，让临安这朝廷临时的安身之地，重回到汴梁的繁华之中去，让万里山河，再现《清明上河图》的富足与祥和。

他们，是唱着歌跨过长江的，他们期待着有一天也能唱着歌，跨过黄河。这，是他的志愿，是他一生的梦想。

然而，有谁知道，这成功突袭的一仗，是辛弃疾英勇的开始，也是他英雄的结束。人生，再也没给他在敌阵中展示剑锋的机会。

一场精彩绝伦的开幕，竟然就是落幕，实在让人遗憾。他自以为可以在战场上冲锋陷阵的刀剑，却从此成了道具。

万花落后，枝头没有凝结出一粒小小的浆果，那是季节的悲哀。要怨，也只能怨那颁下圣旨的皇帝。不，那宋高宗只许了他一个归顺，何曾让他北上进攻呢？更何况，所谓皇帝的金口玉言，也不过是一个听起来很美的讽刺寓言。他的龙颜喜怒，比常人更加地瞬息万变、阴晴无常。

最难测的，就是一代一代帝王的内心，任史学家的笔墨如何钩沉，也写不尽皇帝翻手为云，覆手为雨，也写不尽龙书案前后的变化无常。

有剑胆，有文心的辛弃疾，也猜不透。是的，他又如何让当下的南宋皇帝，一改面南背北的规制，成为那个面"北"背南的君王？

（三）

辛弃疾生长在山东，骨子里有如北方山水那般硬朗之气，更有忠义的心性。当时有人这样描述他："眼光有棱，足以照映一世之豪。背胛有负，足以荷载四国之重。"

这样气宇轩昂的人，再有那万军丛中取人首级的骁勇，实在是让人佩服。《稼轩记》中描述道："壮声英概，懦士为之兴起！圣天子一见三叹息。"

辛弃疾率万人之众投靠朝廷，宋高宗当时大为感叹，欣喜之余对众人分别奖赏，但奖赏并不能封赏，因为当时的规定，不是科举出身的人，不能堂堂正正地被提拔为高官。

当时，二十三岁的辛弃疾虽然以武成名，但他的文化功底相当深厚，再加上非凡的才华，在得知还有这样的制度后，只是淡淡一笑，说道："此事何难？三百文自当应付得了。"

这都不是事啊，只消花三百铜钱，买本科举的书看看就可以了。

　　果然，这事辛弃疾说得轻松，做得也轻松，真是从从容容就考过了关。如此才高过人，不知让多少苦读春秋的学子，羞愧难当啊。后来，宋孝宗见到他，笑道："你就是那个只用三百铜钱，就买取了大宋官位的人啊！"

　　若论"买官"，辛弃疾是否是历史上花钱最少的那一个？

　　宋，可谓是赵匡胤以武盗取的江山。从此，武，也就成了他们赵家的心病，一代一代也就以小人之心，揣测着普天下的臣民，可以说到了谈"武"色变的地步。因弱武终致山河破碎，就算北宋灭亡，赵家还是不肯醒悟，宁肯龟缩一方，依然抱残守缺，不肯委武将于重任，大有因噎废食的味道，真是可悲。

　　这时的南宋，危如累卵，国家正是用人之际，像辛弃疾这样文武双全的人，正该是提刀上马，来应对北方势力的虎视眈眈。但没有，皇帝只将远离前方的一片山水交给了他，去经营那里的春种秋收。

　　辛弃疾这把宝剑，只能沦落到在穷乡僻壤里劈柴刈草的境地。就这样，他也不失自己的英雄本色，时时念起的，仍是如何跃马中原。

　　不给挥戈疆场的机会，那就提一些建议吧。辛弃疾呕心沥血写下了《美芹十论》与《九议》，为北伐出谋划策，然而递到皇帝手上，只换来几句赞美，再也没有一点消息。

　　他，被荒废一方。任英雄在征战沙场的梦里独自煎熬，那原本为北伐胜利备下的庆功酒，变成了独自饮下的闷酒。

　　楚天千里清秋，水随天去秋无际。遥岑远目，献愁供恨，玉簪螺髻。落日楼头，断鸿声里，江南游子。把吴钩看了，栏杆拍遍，无人会，登临意。

　　休说鲈鱼堪脍，尽西风，季鹰归未？求田问舍，怕应羞见，刘郎才气。可惜流年，忧愁风雨，树犹如此！倩何人，唤取红巾翠袖，揾英雄泪！

——《水龙吟·登建康赏心亭》

　　辛弃疾的辞章里，总感觉有郁郁不得志的感叹。其实，他虽然没能位列朝班，成为帝王身边的贴身宠臣，但任职一方，很多的时候还是大权在握的。如果是别人，一定朝欢暮喜，安于这样难得的清静，但辛弃疾从没想在享乐里碌碌无为，他念念不忘的，是恢复大宋疆土。北伐，是他一生如铁的志向。

　　在他的心里，从来没有欣赏过杭州西湖盈盈如诗的细波微澜，他一直都在想念那黄河的激流怒涛。北方，那里有清泉水，可以解他灵魂的焦渴；还有杨柳树，可以给他的梦一片阴凉。

　　辛弃疾，多想痛痛快快地仗剑塞风，纵马沙场，涤荡岁月狼烟，还故国和家乡一片清明。

　　他，有一个家国天下的武魂。

　　那时的南宋，江山还很不稳。朝廷面对北方异邦的觊觎，可谓心惊胆战，而地方的匪患，又是那样层出不穷。内忧外患的乱象丛生，让皇帝深感焦头烂额，哪一个地方也处理不好。这时候，他想起了辛弃疾，便急急忙忙写下诏令。

　　看着奔驰而来的京城飞马，辛弃疾是激动的，丹田气又一下子喷薄涌上，他以为皇帝终于下了决心，这次传来的，一定是即将挥师北伐的好消息。

钦差宣读诏书的语气，依然是不男不女的娘娘腔，辛弃疾听着听着，心又冷了。好在那是一道剿匪的诏令，让他军事的心，能够有所安慰。

匪，终究不是你死我活的敌人，在那些人群中，多是为生活所迫的穷苦人。辛弃疾面对所谓的匪患，都是因势利导，一面惩戒真正的恶人，一面宽待所有的善者。时常将他们收编为乡勇，用于维护一方的安宁。在他的愿景里，更期待有朝一日，率领他们驰马而去，北定中原。不管他身在何处，都以恢复祖国河山为旗帜，都放不下手中那把剑。

辛弃疾这颗一直跃跃欲试的心，让皇帝心神不定。所以，每当辛弃疾任职一个地方有所建树的时候，皇帝就急急将他调离，怕他扎下根来，成了气候，搅起风波。偏偏辛弃疾不仅仅是一个武将，更是一个能臣，每到一处，总是迅速地将权限属地治理得有文有武，秩序井然。

这，更让皇帝不放心了，在辛弃疾二十多年的官场生涯里，竟然频繁地被调动了三十七次，以期让他更多地行走在路上，使他没有闲暇来顾及刀枪之事，甚至不能在阳光下好好地舞一次剑。皇帝，可以许他富贵荣华，但决不容他存壮志雄心。

如此颠簸在仕途里，实实在在看得出皇帝的可笑与荒唐。一个武字，让赵家子孙乱了方寸，三百年的时光里，他们从不曾真正放开过一个武将的手脚。狄青抑郁而亡，岳飞含冤而死，都没能将热血彻彻底底地洒在战场上。更有多少怀揣报国雄心的仁人志士，无声无息地在寂寞中老去？

　　那是一个朝代的大悲哀，是原本渴望百代简明清欢的宋朝，走向灭亡的必然。只有文治，没有武备的政权，面对弱肉强食，怎么能不落荒而逃？

　　丢盔卸甲的北宋君臣，连一个寄居蟹也不如，裸露着身躯，在杭州的烟雨里，苟延残喘着，不敢高声，以求临时而安。

　　生不逢时的辛弃疾，只能在这样的环境里，努力地开拓着，也无奈地荒废着。

　　辛弃疾文心剑胆，可谓有勇有谋，相传他在湖南任职的时候，组织了大量兵勇，为了解决住处，他不得不扩建营房。这当然需要耗费许多的钱财，有人便举报给了朝廷。

　　钱，皇帝还不怎么在乎！宋，毕竟国库富足，就算南宋，虽然经历了诸多的战事，经过多年的休养生息，财政也大有缓和。而恰恰是一个兵营这样的"武事"，触动了皇帝的神经，他急急忙忙发下了一道圣旨。

　　辛弃疾接到圣旨的时候，营房即将完工，正在等待瓦片的运来。他若无其事地将圣旨拢在袖管中，转身继续急命向民间筹集瓦片，以期加快进程。这一招果然灵验，军营很快就建成了。此时，他才回复皇帝说："圣谕收到，怎奈军营已修缮完毕。恕罪。"

　　皇帝收到这样的回复，怕也是只能无可奈何地摇摇头，实在找不到斥责的借口。但心中更加隐隐不安，使他对辛弃疾又多了几分猜忌。

　　辛弃疾生长于山东，倾情于英雄，仕途中，也时常彰显出一颗侠义之心。每遇地方遭遇灾荒，他常常让富足的人家开仓放粮，施粥救灾。一颗武心，在此时显示出了风风火火的本性，辛弃疾每每遇到不肯遵从的人，多是严厉斥责，甚至将一些态度顽劣的人斩于刀下。

蓄兵兴国，杀富赈灾，辛弃疾的这些举动，不仅让一些"降和派"心中不爽，也让一些权贵人家忧心忡忡，他们担心着或许哪一天，辛弃疾"杀富"的剑就指向了自己的胸口，于是他们便以"用钱如泥沙，杀人如草芥"为由，纷纷上奏朝廷，弹劾辛弃疾。

更重要的是，辛弃疾前前后后的一些作为，也的确让皇上如鲠在喉，如此，他正好找到了这个因由，于是再一次迫不及待提笔写下了一道圣旨。

辛弃疾，被罢黜了。轰轰烈烈的雄心，风生水起的仕途，就此戛然而止。他叹息着寄身在偏远的江西。亦文亦武的人，成了不官不民的身，守着不声不响的光阴。

（四）

辛弃疾，号稼轩。稼轩，麦香稻香里的楼台，如此旗卷拢，剑入鞘，就算是不甘心，也只能无奈地拍着栏杆。也好，没有了东奔西走的颠簸，可以享受一下错落有致的四季了。

他，作为最具豪放气息的豪放词人，都认为他中年之后归去江西带湖，才有了婉约的笔墨。其实他早在青年时期，就已经满是柔肠。那时他投身在兵营里，曾给新婚妻子写了一首《满庭芳·静夜思》，文辞中，尽显千回百转的温柔之情。

云母屏开，珍珠帘闭，防风吹散沉香。离情抑郁，金缕织硫磺。柏影桂枝交映，从容起，弄水银堂。连翘首，惊过半夏，凉透薄荷裳。

　　一钩藤上月，寻常山夜，梦宿沙场。早已轻粉黛，独活空房。欲续继弦未得，乌头白，最苦参商。当归也！茱萸熟，地老菊花黄。

　　以 25 味中药入词，文火慢煎，浓汤细滤，如此疗治相思之病，真是奇才。

　　相传，辛弃疾的妻子，也是一位不俗的才女，收到这首词，感动万分，便写了一封回信。

　　槟榔一去，已历半夏，岂不当归也。
　　谁使君子，寄奴缠绕他枝，令故园芍药花无主矣。
　　妻叩视天南星，下视忍冬藤，盼来了白芷书，茹不尽黄连苦。
　　豆蔻不消心中恨，丁香空结雨中愁。
　　人生三七过，看风吹西河柳，盼将军益母。

　　也用中药说相思，两地的情感，就在这草药香的调理中，更加浓郁了。

　　如此琴瑟和鸣的夫妻，自然会恩爱有加。于是就有了他词中那"大儿、中儿、小儿"，如此大秀儿女满堂的景象，不就是最好的秀恩爱吗？

　　辛弃疾不仅有个好妻子，还有许多红颜知己，平常的日子不缺幸福，就算是归去乡野，也应该是歌随曲绕，不见寂寞。

　　断了仕途，也就断了雄心，那就做一个闲人吧，前辈苏东坡不也是这么过来的吗？

明月别枝惊鹊，清风半夜鸣蝉。稻花香里说丰年，听取蛙声一片。

七八个星天外，两三点雨山前。旧时茅店社林边，路转溪桥忽见。

——《西江月·夜行黄沙道中》

鹊飞、蝉鸣、稻香、蛙声……

如此声息动人的日子，其实是最无边的静美，如此，也好！

然而，自古英雄多寂寞，最初四处悠游的闲心，很快就转成了醉心。

醉里且贪欢笑，要愁那得工夫。近来始觉古人书，信着全无是处。昨夜松边醉倒，问松"我醉何如"。只疑松动要扶，以手推松曰："去！"

——《西江月·遣兴》

这醉，是无奈的醉，是愁惘的醉，是悲愤的醉。此醉不必人来扶，闪开闪开，就让我跟跟跄跄地醉下去吧！壮心未已，英雄无路。一首看似平常的醉词，读来却是让人心碎。

闲不住，愁难解，辛弃疾终于发出了心底真正的悲鸣，于是挥笔写下了下面这阕词：

醉里挑灯看剑，梦回吹角连营。八百里分麾下炙，五十弦翻塞外声，沙场秋点兵。

马作的卢飞快，弓如霹雳弦惊。了却君王天下事，赢得生前身后名。可怜白发生！

　　　　　　　　　　　　　　——《破阵子》

　　白发满头，英雄空老。这，才是他真正的寂寞，这才是他真正的叹息。然而，就在这样的失落中，辛弃疾依然放不下国家，一次醉酒后，他对朋友吐露说："钱塘非帝王居，断牛头山，天下无援兵，决西湖水，满城皆鱼鳖。"

　　他虽被弃用一旁，可还牵挂着皇上，牵挂着百姓，其昭昭忠义之心真是日月可鉴。只可叹，帝王虽然高高在上，但不是日月，只是在龙椅上虚张声势的另一种俗人。

　　辛弃疾退居后，建了一处非常宽大的宅院，朱熹曾"潜入去看，以为耳目所未尝睹"。连这见过大世面的朱老夫子都如此感叹，可见其华美的程度，非同凡响。但这绝不是辛弃疾心性奢侈的表现，他只是想给自己憋屈的心找一个辽阔的宽慰。然而，国的孱弱，又哪会有家的舒展？所以，他依然是叹息着"茅檐低小，溪上青青草。"

　　屈身屈心的小国，哪会有舒命舒情的大家？就算倚着高高的门楣，吟出的也只是无人问津的呓语。国耻，家何有荣？国荣，家何以有耻？

　　说起荣辱，谈起功名，辛弃疾将杯中酒一饮而尽，如饮尽自己的泪水，再次叹道："追往事，叹今吾，春风不染白髭须。却将万字平戎策，换得东家种树书。"

　　唉，心已经老了，春风也不肯召唤，那万卷兵书战策还有何用，换得邻家的薄薄一本耕田植树的书吧，从此种瓜得瓜，种豆得豆地彻底老去。唯一不肯舍手的，是那把宝剑，依然高高地挂在墙上，好让自己时不时地看一眼。看一眼，就能让自己老得慢一些。

寄居江西，老家却在山东。在这样遥远的思念煎熬里，辛弃疾饮了一杯又一杯的酒。那酒，是乡愁，更是国恨。

风最后还是来了的，或许并不是春风，但终究是来得有点太迟太迟。

那一日，皇帝不知被谁的奏章打动，或许是自己一时心血来潮，忽然又起了北伐意念，怎奈朝中无良将，于是想起辛弃疾。然而，六十八岁的他，已经病入膏肓，无力接过圣旨，更无力再拿起自己的宝剑。他让儿女将宝剑拿到手边，辛弃疾抚摸着自己热爱了一生的兵器，苍老的脸上掠过一丝苦笑，眼神渐渐黯然了。弥留之际，在几声"杀贼杀贼"的悲鸣中，辛弃疾就这样命归瓢泉。

瓢泉，是辛弃疾退居后，宅院边的一处泉水。他以《论语》中"一箪食，一瓢饮，在陋巷"而命名它。

这小而弱，一瓢可盛尽的泉，如同南宋苟且的江山。国势，不需要这样满足于一日三餐，而应该是山高水宽的丰盈和壮美。就像宝剑应该是行侠仗义，或是逐鹿疆场用的，那才是它的本分和光辉所在，而劈柴裂石是对剑的埋没与羞辱。

剑，在英雄的手中，就有日月的光华，沦落在庸人的手里，就会落得伤痕累累，不如笨笨的刀斧更能得到尊重。

辛弃疾，生于名泉趵突，亡于小水瓢泉，实在是壮志未酬。辛弃疾，努力了一辈子，也不能弃了南宋的顽疾。一生的奔走呼号，也不见向北而暖的半缕春色。

　　剑，辛弃疾一生的知己，也是灵魂的默契，与剑贴身而眠，贴心而欢，怎奈两不如意，实在让人唏嘘感叹。英雄归去，宝剑也归去。辛弃疾的墓冢边，那块墓碑就是宝剑的化石，一直立着，不肯腐朽，在风雨的叩击里，依然铮铮有声。

　　"弹到此，为呜咽。"

·陆 游·

纵岁月不在，仍铁马冰河入梦来

诗，是他才情的最爱；词，是他爱情的最深；北伐，是他志向的最真；归去，是他失落的最痛。时光老了，万事皆淡，而他最纠葛，最交错的，是那一情相思，一梦复国。

（一）

那时，正是深秋。狂风忽然大作，暴雨也接踵而至，淮河上，迷蒙一片。一条官船猛烈地摇晃着，水手们手忙脚乱地降下风帆，但船依然难以掌控，迅速地向烟雨深处退去。不久，那烟雨深处传来了一阵婴儿的哭声。那风那雨，骤然停了，云开雾散，千里晴朗。

那船，白帆挂起，是那水天之间，唯一的云朵。

这雨，不似江南的雨，来得迅猛，去得突然。

那新生婴儿的母亲，曾在前一夜的梦里，偶遇了北宋大词人秦观。秦观，字少游。于是孩子的父亲便以秦观的名作了孩子的字，又以秦观的字作了孩子的名。

这孩子，就是陆游。他，字务观。

陆游曾回忆说："予生于淮上，是日平旦，大风雨骇人，及予堕地，雨乃止。"

如此降临于风雨飘摇的船上，或许就注定了他游荡颠簸的人生，也如他的诗所感叹：

我生急雨暗淮天，出没蛟鼍浪入船。

白首功名无尺寸，茅檐还听雨声眠。

这一场大雨，是陆游的父亲在转任途中突然遭遇的，这似乎也暗示了，北宋王朝的山雨欲来风满楼。在陆游不到两岁的时候，汴京为金兵所破。这个四大发明独占其三的富庶王朝，就在火药的硝烟中山河分崩离析。活字印刷术，也将"靖康之耻"，更清晰地刻在了历史的册页之上。而那司南，给赵家余脉指出的，却是一个苟延残喘的方向。

向南，向南。

赵构在一群残兵败将的簇拥下，于南京（今河南商丘）慌慌张张地穿上了龙袍，他就是宋高宗。但龙椅还没有坐稳，便在金兵的喊杀声中，再次仓皇而去。祖辈的山水间，只留下他一串狼狈的足迹。

扬州，是依了淮河的，赵构君臣在这里稍作喘息。想那黄河都阻挡不了的金人铁骑，又怎么能在乎这淮河的轻浅？淮河，实在算不得险要，高宗怎敢在此久留？他还没有将这里的美食咽下去，又急促促地逃向更南的地方。美食与性命相比，实在不值一提。

江宁，有长江为屏障，或许可以抵挡一阵子。赵构，也在这里盘桓了一些时日。但那江水的涛声太过惊心，实在让赵构寝食难安。而且当年这里的南唐，也正是被他赵家的先祖所灭，可见，这城必不能成为他的福地。赵构放弃了在这里定都的打算，再次逃离。

南去，南去，再南去。

最危急的时候，他竟然弃陆登船，在东海上漂荡。宋高宗望着那无边无际的大海，那一刻，他自己都不知生在何方，死往何处。

好在局势有了缓和，赵构辗转来到了越州。应该是这里的粉墙黛瓦，小桥流水，更应该是战事稍有延缓，才让赵构放松下来，从而也勾起了他的雅兴，一句"绍奕世之宏休，兴百年之丕绪"的吉祥之语，还让他将年号改成了绍兴，并将越州升为绍兴府。

那是 1131 年的正月，宋高宗期待万象更新。其实历经了七年的离乱，他的南宋，才勉强有了自己的都城。

绍兴，别名会稽、山阴等，一个乌篷船漂浮的江南小城。这里，正是陆游的老家。他在这里长大，也在这里老去。

说到陆游，我总感觉他在唐朝。

看这名字，总有几分李白的气息。一分是潇洒，一分生自在，一分又纵情。"山重水复疑无路，柳暗花明又一村"，如此腰悬一把宝剑，是否想游遍千山万水？就算他谪居老家写的诗，也颇具李白的豪迈：

> 中原蝗旱胡运衰，王师北伐方传诏。
> 一闻战鼓意气生，犹能为国平燕赵。
>
> ——《老马行》

再细品他的人生，又有几分杜甫的味道。一句"位卑未敢忘忧国"，是多深的爱国情怀与忧患。尤其在他退居田园，骑一头瘦驴，采一篓本草，悬壶济世于乡野之间时，如此苦瘦的形象，实在不能不让人想起杜甫。相传他的住处，异常简陋，辛弃疾前来拜访之时，提出要为他全面修缮，陆游却婉言谢绝了。任他的房舍，依然破旧着，呼啸着南宋的"茅屋为秋风所破歌"。

陆游曾经任职四川，一定是到过杜甫草堂的吧，同是忧国忧民的他，想来也是有这茅屋的情节。

那一次，陆游在梅花树下小醉，挥笔写道："脱巾莫叹发成丝，六十年间万首诗。"

满头白发何须感叹，毕竟这六十年间他留下了一万首诗。

据统计，陆游存世的诗，大约有九千三百余首，可谓洋洋大观，真算得上诗中第一人。

当然，有人会说，清朝的乾隆，可是诗中第一人。他一辈子御笔不辍，写有四万余首诗。乾隆的诗，不过是他凭着帝王的身份，纵横南北，东涂西抹。那些分行的文字，有几首能留一分余香余响？从这个角度看，实在算不了诗。

再者，陆游的诗作，在千年的历史风雨中，应该也散失了不少。况且，还经过了他自己有意和无奈地大量删除。传说他四十二岁之前，就删除了约一万七千余首诗词，留下来的也就二十分之一，不足千首。

宋朝，是词人的世界。唐，是诗人的王国。如此诗作蔚为壮观的陆游，他不在唐朝，又会在哪里呢？

（二）

陆游，在唐朝？

一阕词，却彻底地惊醒了我，他在宋朝。确切地说，应该是两阕词，是陆游和他的表妹唐婉泣泪相和的两阕《钗头凤》。

绍兴，是有许多好去处的。

这城，有鲁迅先生的"百草园"和"三味书屋"，若是心性幽默，更可以到"咸亨酒店"要一碟茴香豆，模仿一下孔乙己。是的，兰亭应该一游，许多人知道这是王羲之与朋友们一起对诗颂文的地方。这里，也曾是越王勾践种兰修身的地方，一个帝王奢华的张扬和戾气，练就了他卧薪尝胆的坚韧和谋略，而再成霸业。兰香、墨香，最宜性情。

若想情怀空灵，这里独有的乌篷船应该坐一坐。轻舟水上，两岸烟雨，哪里还有红尘？

当然，沈园是最不应该错过的。

在这里，独自来去，流连沉思，正好感叹自己的心事。那些曾经，慢慢盘点，或感叹，或莞尔，或忧伤，或释然。若是陪了爱的人去，可能会愈加珍惜当下的彼此，双手紧扣，暗暗许一个地老天荒。

沈园，我们不必去探究它的来龙去脉，也不必追问最初的构想，自从陆游和唐琬在这里不期而遇，就注定这里是他们情感的诉说与见证。这园，定千年不老。

表哥娶了表妹，在旧时候，是乡俗里非常推崇的亲上加亲。

那年，十九岁的陆游娶了唐琬。他是她姑家的表哥，她是他舅家的表妹。更何况男有才又有貌，女有貌也有才，怎么看都是一场好姻缘。

陆游和唐琬，你侬我侬，是真的相爱。但也正是因此，才过于沉溺于花前月下，惹了父母不高兴。陆家，那是书香门第，踏上仕途才是子弟们的正道。

陆游，沉溺于闺房，也就误了书房。一年间，几乎荒废了四书五经，另外，唐琬一直未曾怀孕。这，是大事。陆母，忍不了了，让陆游将唐琬送回舅家。陆游哪里舍得，可是又不能讳了母亲的意。旧时，多讲孝为先，更何况宋高宗的时候，大力倡导孝道。无奈的陆游，只得弄一处别院，将唐琬安置在那里。如此，又是两年。

　　每每说到陆游和唐琬的爱情悲剧，陆母在人们心中所扮演的，多是恶劣的形象。其实细细想一想，却感觉她并非如此不堪。

　　陆游把唐琬养在别院，陆母不会没有察觉，她一直没有点破，还是应该有所考虑的。一来陆游只能是悄悄地约会唐琬，更多的时间会端坐在书房里，二来她也不想就此断了娘家这条路。再者，她也期待唐琬能生下一儿半女，给彼此一个转机。

　　生儿育女，的确是陆母能够插手儿子婚姻的最冠冕堂皇的理由。在那时，这无人可以反驳。当然，这也是陆游和唐琬婚姻无法回避的暗疾。唐琬，似乎真的不能生育，因为她后来改嫁赵士程多年，也依然未生下一儿半女。

　　就算这样，陆母似乎还是心存侥幸的，不然，她也不会去请道姑算上一卦。这一卦，让她彻底爆发了，陆游和唐琬，八字不合。

　　陆游，也实在找不出更多的办法和借口，不得不写下了休书。他颤抖的手，把不稳笔墨，字迹潦草杂乱，如荆棘，那尖尖的细刺，扎在了他和表妹的心里。

　　陆游又娶了王氏，烟火安稳，日子肃然，正是陆游父母期待中的样子。

　　唐琬也无奈嫁了他人，那人家，有富贵，是名门，也让唐家深感欣慰。

　　如此，陆游和唐琬，一别两宽，倒也是另一种圆满。只偏偏节外生枝，生活让他们有了再一次相遇。风雨经年又经年，唯有宿命难逃。

旧时的刺，久了也就麻木了。再动，难免就要惹出痛和血。

多年之后，陆游生儿育女，生活中别无曲折。只是仕途上，毫无起色。三十岁，他又一次失意于科举的考场。

沈园，陆游在这里怀恋，也在这里畅想。自从和唐琬分手后，他都是自己来这里。妻子王氏，不是一个心怀诗词的女子。

一次，陆游独自踱步于沈园。突然，一个熟悉的身影，迎面走来。

不，是两个人的身影，一男和一女。那女的，竟然就是唐琬。那年，他和表妹新婚，正是这样陪她游沈园。此时，陆游以为这是在梦中。

这，不是梦，那男子也不是他，而是唐琬的丈夫赵士程。

赵士程和陆游是相识的，也算是诗词朋友。他是一个有才情，有风情的男子。他找一个借口，悄悄退了出去。沈园的凉亭里，只剩下了陆游和唐琬。近在咫尺的他们，四目相对，竟是无言。

不久，一个小童端来了酒菜，说是赵相公让送来的。赵相公，自然就是赵士程。

唐琬斟满一杯酒，敬给陆游，再无话可说。又施一礼，便也退了。

临别，唐琬留下一盆秋海棠。

陆游问："此为何花？"

唐琬答："断肠。"

那不是花季，色香两不在，怎不是断肠。

陆游心如刀绞，默然无语，看着唐琬那渐渐远去的背影，他喃喃自语道："此乃相思。"

是的，那不是花季，但叶还在啊，慢慢等那花开，不正是长长的相思吗？

那花，留在了沈园。

十年后，陆游又到沈园。那海棠依旧，唐琬却已经故去多年。真的一语成谶，这花成了唐琬的断肠，陆游的不尽相思。

站在秋海棠前，陆游不觉潸然泪下。

沈园的园丁见他如此伤感的样子，悄悄说："这花叫相思。"似问，又似自答。

陆游摇头道："不，此花乃断肠。"

花虽在，人已亡，哪儿还生相思，只有悔断肠了。

据说，现在的沈园有 68 种植物，不知道是否还有这秋海棠。其实，有与没有都一样，被叫作相思草，或是断肠花，都一样。它是沈园里不老的情感。

说到陆游和唐琬的爱情，人们总是唏嘘不已，往往会忽略了赵士程。这个帝王血脉的赵家男子，何尝不是一个深情的男子。有家势，有才情，有地位的他，娶的是再嫁的唐琬，却千般呵护，万般宠爱，就算她不孕不育也不嫌弃。唐琬死后，三十多岁的赵士程，再不肯婚娶。据说他后来主动请缨奔赴疆场，四十多岁战死沙场。人们在感叹他为国捐躯的同时，也忽然感悟到，他也是为爱赴死。唐琬的离去，赵士程似是生无可恋。

他的相思，他的断肠，又向谁诉说？又有谁传唱？

就凭赵士程转身温一壶酒来，送给自己的爱人和她的前夫，这是何等的大丈夫胸怀？

那壶酒，让陆游醉了。他独自喝完，再也把控不住自己，挥笔在沈园的墙壁上写道：

红酥手，黄滕酒，满城春色宫墙柳。东风恶，欢情薄，一
怀愁绪，几年离索。错，错，错！

春如旧，人空瘦，泪痕红浥鲛绡透。桃花落，闲池阁，山
盟虽在，锦书难托。莫，莫，莫！

——《钗头凤·红酥手》

誓言还在心中，想托于信笺却又不能，怎么不让人悲叹呢。
陆游写罢这首词，掷笔而去，于家中昏睡多日。

或许有所期待，或许有所牵挂，或许更应该说，冥冥之中
自有天意。一年之后，唐琬又来到沈园，她是一个人来的。

她没有遇到陆游，心中有些失落，更有些释然。然而，一
个转身，白壁上陆游的那阕词却让她撞了个满怀。泪水，刹那
间涌满了眼眶。她，低声抽泣着，也应和了一阕词。

世情薄，人情恶，雨送黄昏花易落。晓风干，泪痕残，欲
笺心事，独语斜阑。难，难，难！

人成各，今非昨，病魂常似秋千索。角声寒，夜阑珊，怕
人寻问，咽泪装欢。瞒，瞒，瞒！

——《钗头凤·世情薄》

他的字，笔如行草，挟风带雨，如叹如哭；她的字，形生楷篆，
半残半落，如泣如诉。两阕《钗头凤》流传百代，似那沈园双
桂堂前的两棵金银桂树，牵根难牵手，相望却无言。又似那沈

园入口的断云石，缘断，梦不断，相依难相合。

据传，唐琬写完那首词，在低声的呜咽中离去。从此，郁郁寡欢，难进茶饭，一病不起。虽然丈夫赵士程日夜相守，悉心呵护，而且遍请名医调理，却也难以阻止唐琬的日渐憔悴，不久后，一代佳人就香消玉殒了。

唐琬留给世间的唯一一首词，也成了她的绝笔。

相传，还有一位女子，也为陆游留下一阕词，虽然不如《钗头凤》凄切，却也写尽了惆怅。

陆游入职四川时，夜宿一家驿馆，在那摇曳的烛光下，他看到了一首题壁诗：

> 玉阶蟋蟀闹清夜，金井梧桐辞故枝。
>
> 一枕凄凉眠不得，呼灯起作感秋诗。

以那字迹和诗意来看，应该是出自一个女子之手。陆游一打听，知是驿卒之女所作。待见了面，更让他一阵恍惚。她，模样好似当初的唐琬。

人到中年的陆游，和这个岁在芳华的女子一见如故，两情相悦。这个蜀地的才女，也就做了陆游的姜，从此诗词相欢。这给陆游带来了不尽的欢乐，仿佛又变回了当年的诗词少年。

然而，好景不长。彼时，陆游的夫人已近中年，自觉红颜凋敝，难敌青春少女，所以不肯容纳这年轻的妾室，故而刁难不断。可叹一代大诗人陆游，于国，常发铿锵之声。于家，却总叹孱弱之气。二十年前，他妥协于母亲，辜负唐琬。二十年后，他妥协于夫人，又辜负于这位妾室。

不足半年，这女子便无奈离去，只留下了一阕《生查子》：

只知眉上愁，不识愁来路。窗外有芭蕉，阵阵黄昏雨。

晓起理残妆，整顿教愁去。不合画春山，依旧留愁住。

蜀中女子这情感的一抹，再次以悲伤的色彩，画在了陆游的心间。更是可叹的是，她，真的只是陆游忆念唐琬的替身。因此开场，就是落幕。如此一个有诗词之才的女子，连姓名也没留下，就消失于烟雨红尘中。

（三）

人说，有失就有得。情感上的蹉跎，或许能换来仕途上的平坦。但没有，上天没有给陆游这样一个平衡。

陆家，那是越州一代的名门望族，可谓人才辈出。

早年间，他家出了一个传奇的神童。七岁的时候，面对满堂宾朋，张口吟道：

昔年曾住海三山，日月宫中数往还。

无事引他天女笑，谪来为吏向人间。

如此一首豪气的《书壁》，震惊了四方。这个小小的孩童，果然不俗，未来定能成大器。后来，他果然一生仕途通达，且位列朝中一品。这，就是陆游的曾祖父陆珪。

祖父陆佃，也是少年就有大志，为拜师求学，他曾千里跋涉，并差点被山洪夺去性命。他的真诚，博得了王安石的喜爱，也在这位恩师的提携下，步步高升，直达副宰相的要职。

　　陆游的父亲陆宰，虽然不如两位前辈那样辉煌，在朝廷中风生水起，但也曾在南宋朝堂上任职。他，酷爱书典，谪居老家之后，创建了名为"双清楼"的藏书楼，以此成为"越州藏书三大家"之首。

　　陆宰，虽然人在乡野，却心在朝堂。在南宋稍稍安定的时候，他就积极捐出了一万多册藏书，以充盈在战火中空瘦的皇家书库。

　　陆宰此举，应该是有自己的想法的，他希望就此唤醒皇帝，让这位皇帝能懂得，岁在壮年的他，是愿意为朝廷鞠躬尽瘁的。

　　看着这层层叠叠的书卷，赵构激动了。他高兴地翻阅着这些文字，却依然把陆宰冷落在不远不近的山阴。

　　陆宰遥望着临安，没有等来皇帝的圣旨，无奈只能叹息一声，把全部希望寄托在儿子陆游身上。

　　陆游自小聪颖过人，小小年纪就已经诗名远播。然而，两次科考，却都铩羽而归。

　　那一年，陆游参加了一场特殊的考试，那是为恩荫子弟开辟的锁厅考试。二十八岁的陆游，已近而立之年，这次考试他是认真的，精心准备后，他想一展才华。待走出考场，他既舒畅又欢欣。仿佛，一切尽在掌握之中。

　　可是，现实让陆游再一次失望了，他又落榜了。不仅自己目瞪口呆，就连很多亲朋好友也都惊讶不已。

　　其实，当时很多人都不知道实情。陆游的才华，是得到了主考官认可的，已将他取为了笔试第一。然而，与他同场的秦埙，竟是秦桧的孙子，秦桧听说自己的孙子不在榜首，便大为恼火，大骂主考官不懂世故，并立即免了他的职，而且在殿试名单中，恶狠狠地抹去了陆游的名字。

或许秦桧以为如此，秦埙就可以高中状元了。的确，再次安排的主考官，顺了他的意，将秦埙取为了第一。

赵构虽然是一个举棋不定的皇帝，可学富五车，颇有才华。他或许能姑息秦桧的许多错误，甚至是荒谬的所作所为。但在为国取士上，这次他无比认真。

当他打开头名学子的试卷时，那拙劣的文笔，几乎让他震怒，但转眼一看名字，他立即就懂了，强收起自己的厌恶，将那试卷轻轻地放在了一边。

那届的状元，是张孝祥，而秦桧的孙子，位列探花。不管秦桧如何专横跋扈，对于皇帝的决定，还是不好当场反驳的。更何况他也深深知道，如此安排，赵构已经给足了他面子。可是他依然心生怨恨，对张孝祥不停地冷嘲热讽，在以后的日子里，处处刁难。

后来的这一切，看似和陆游已经没有什么关系了。可正是这次科考的失意，沈园里才有了那个落寞的身影，才有了两阕《钗头凤》的悲情对唱，才有了不老的沈园。

这是幸，还是不幸？

不管怎么说，悲剧的色彩太过沉重，还是让世间多一些素淡更好。在我的心里，更愿意陆游和唐琬没有那次相遇，他们只是安静的相忘于江湖。沈园依然是沈家的园子，而陆游也只是那里一个赏花观水的过客。过客，多好，万花丛中过，片叶不沾身，如此来往多轻盈。

可谁的一生，能这样轻盈呢？

在很多人看来，陆游在情感和仕途双重打击下，以一首《钗头凤》爆发之后，就沉浸在书房里了。那里书典堆叠，诗文纵横，他似一只鸟儿在自己的暖巢里恣意、洒脱。朋友们便将他的书房，唤作了"书巢"。

书巢，自在、悠然，真是无忧无虑的地方。

然而，这乱乱的书堆，是否也暗喻了陆游心中那分焦虑和无奈？一个饱读诗书的士子，不能为国所用，那毕竟是心底的暗伤，是不可明说的悲哀。

此后许多年，陆游幽居在山阴。其实就是困在大山的阴影里，沉郁着，不得阳光，只有潮湿的冷风吹过来。

终于，陆游的人生迎来了转机。三十三岁那年，他在友人的推举下，迈出了仕途的第一步。那时，秦桧刚刚病故。如此一块投降派巨石的倒塌，让被压制的主战派，终于有了破土重生的良机。据说，陆游科考时的策论，是力主复国，直取中原的，这或许是让秦桧大为光火的另一个主要原因。

面对收复中原的呼声日渐高涨，宋高宗赵构，深感心力交瘁，遂将皇位禅让给赵昚。

赵昚，是赵构的养子，为宋太祖赵匡胤一脉的七世孙。

回望宋朝，有一种非常巧合的趣味。宋太祖开创了宋朝，只经他一帝，北宋的万里江山就归了其弟赵光义一脉。宋高宗赵构，勾勒出了南宋，也只经了他这一帝，便将一片山水，拱手还给了宋太祖赵匡胤的后人。

宋太祖的皇帝生涯是残缺的，他在"烛光斧影"下暴病而亡，身后许多事也无能为力。宋高宗的皇帝生涯并不圆满，是因为他没有子嗣，所以这让位，怎么看也是无可奈何。

谁能说得清，这历史烟云中的奇妙和诡异！

宋孝宗，被公认为南宋最有作为的皇帝。他的登基，给南宋的国运带来了转机。他以北伐复国为志，大量起用爱国将领。

爱国诗名渐渐响亮的陆游，被召至帝王身边，那虽然只是一个小小的枢密使官，却是一个前途不可限量的职位。

陆游，虽然官小职微，可他的声音是洪亮的，时时震彻在皇帝的耳边。

那是主战群臣的好时代，随着枢密使张浚北伐的初战告捷，陆游的爱国热情也空前高涨。

南宋，或许就是这苟且一方的宿命。北伐大军一路高歌之时，两位主将却发生了严重的内讧，大好的时机就此错失，宋军损失惨重。

这是五月的下旬啊，应是南风劲吹的时候，却被北地寒流如此逆转。秦桧一流主和派的余党，乘机反扑，再加上太上皇赵构的不停絮叨，宋孝宗不禁乱了方寸。南宋，再次收起了刀枪，屈膝向金人献上金银。而陆游，则被以"交结台谏，鼓唱是非，力说张浚用兵"的罪名，罢谪回乡。

四十一岁，陆游再次闲居山阴，他叹息一声，然后昂起头来，对朋友们唱道：

　　莫笑农家腊酒浑，丰年留客足鸡豚。
　　山重水复疑无路，柳暗花明又一村。
　　箫鼓追随春社近，衣冠简朴古风存。
　　从今若许闲乘月，拄杖无时夜叩门。

　　　　　　　　　　　　——《游山西村》

　　然而，他这看似潇洒的心态，又哪能掩饰得了复国的志向，可这又能如何呢？命运就是这样，将一颗拳拳的爱国之心，死死摁在荒远的田野之中，任时光蹂躏。

　　他，一转身，便泪流满面。

> 慷慨心犹壮，蹉跎鬓已秋。
> 百年殊鼎鼎，万事祗悠悠。
> 不悟鱼千里，终归貉一丘。
> 夜阑闻急雨，起坐涕交流。
> ——《秋夜闻雨》

　　急雨、孤灯、瘦形，那是一个个寂寥的山阴之夜。像这般苦苦地等待，历经了三年。终于，陆游又等来了帝王的诏书。入职夔州的路是漫长的，也是险恶的。人说"天下诗人皆入蜀"，正是闯过了这道关，陆游的诗作也有了质的飞跃。可他又怎甘心只作一个诗人呢！刀剑，才是他的梦想；北方，才是他的志向。

　　这一次，上天对他是眷顾的，他终于以四十八岁的年纪，奔赴陕西汉中，着上了一身戎装。面对着边塞狼烟，胡马嘶鸣，陆游万分激动。他以军中幕僚的身份，不仅筹划战略、战策，更时常亲赴前线巡查。此时，可谓成全了他"上马击狂胡，下马草军书"的壮志。一骑骏马，一身戎装，一把利剑，陆游驰骋在千里边塞，不觉高歌起他的两首《雪中忽起从戎之兴戏作》：

（一）

> 铁马渡河风破肉，云梯攻垒雪平壕。

　　　　兽奔鸟散何劳逐，直斩单于衅宝刀。

（二）

　　　　群胡束手仗天亡，弃甲纵横满战场。
　　　　雪上急追奔马迹，官军夜半入辽阳。

　　直入金兵老巢辽阳，这样让人热血沸腾的场面，只是在梦里。但军营，是离这样的梦想最近的地方。此时的陆游，真的有资格这样吐纳豪言壮语。那个阳气亏缺的南宋，也的确需要这样的豪迈和激情。

　　陆游站在梦想的边缘，正豪气干云的时候。一匹快马从京城驶来，都以为那是挥师北进的号令，可那诏书却是又一次无理由的妥协。一群激情澎湃的劲旅，再次被马放南山。

　　陆游，又一步一步退回蜀中，那呼啸的北风打在他的胸前，好似万箭穿心。匆匆几个月的军中之旅，是他生命最闪亮的短途，每每让他在以后的年光里忆起，激动又心痛。

　　蜀中大盆地，让陆游沉陷了雄心，他只在诗歌里放达着自己，也睥睨着俗世，这种桀骜不驯、恃才傲物的举止，引起了很多人的不满。陆游倒也痛快，就此为自己取了一个"放翁"的号。

　　蜀中盆地，是陆游壮心的低谷，也是他诗词的高峰。在这里，他的创作达到了一个新的高度。一时间文辞佳句，传遍朝野。宋孝宗的目光，也不觉间望向了这天府之国。

　　五十三岁的陆游，以为这是一次良机，他匆匆赶回了临安。然而，皇帝夸奖了他几句之后，却挥一挥衣袖，将他派往了更为偏远的一个地方。

　　也许这时的陆游，已经真的知了天命，他没有感叹什么。

既然不能为刀为剑立身疆场，那就躬身为民谋福谋利吧。他放下所有的梦想，专心对百姓嘘寒问暖。短短的时间里，他的治下已是一片欣欣向荣。然而，大旱又大雨的双重灾难，使陆游的眼前饿殍遍野。

朝廷救济的车辆，总是那么慢，仿佛蜗牛都能从车轮前，从容地爬过。面对一个个倒下的百姓，陆游心急如焚，他觉得实在不能再等了，便大手一挥，打开了粮仓。

如果说，军中的陆游，是最激昂的，那么此时的陆游，是最伟岸的。

他，为百姓打开了生的门，却给自己的仕途堵了个死路。陆游因为此举，被罢职了。

这，其实在陆游的意料之中，所以这次回归乡野，他是愉快的，是无悔的，他没有回头，也不想回头。尽管几年之后，朝廷再次念起这位老臣，但也不过是陆游在官场上，匆匆地一游罢了。从此，他曲折低迷的仕途，再无"柳暗花明"。

（四）

六十五岁，罢归山阴的陆游，似乎找到了他人生中的乐趣。他写诗、作画、品酒、品茶，更多的时候，他还斗笠泥鞋，荷锄耕土，成了一个实实在在的田舍翁。

陆游不仅种谷种稻，还种草药、采草药。据说他精通医道，早年间就在自家《陆氏家传方》的基础上，重新搜集编写了《陆氏续集验方》，并传于民间。如今，日子闲了，他更时常走街串巷，问诊施药，治病救人。

日暮归来，他拴好自己的小毛驴，放下药箱，又铺展开纸张，那墨香里，带着浓浓的本草的药香：

> 驴肩每带药囊行，村巷欢欣夹道迎。
>
> 共说向来曾活我，生儿多以陆为名。

陆游行医田间，深为百姓们的称道。人们为表感恩，常常给自家孩子取名时，带上陆游姓名中的一个字。

亦文墨，亦耕作，亦医道，倒也悠游。文坛领袖欧阳修，经过三起三落，才悟透了风雨，才有了暮年归于湖边的"六一"之乐。而大文豪苏东坡，坎坷一生，他那"几时归去，作个闲人"的渴望，应该就是陆游此时的样子。

的确，都以为这样的陆游，是放下了一切，回归在自然之中。不，并没有，他一直没有放下的一梦，一情。

是那复国的梦，那相思的情。这在他晚年的时光里，纠葛交错着。

不是吗？每每夜阑人静，他深深忆念军中生涯，赋诗边塞的匆匆的日月。

> 早岁那知世事艰，中原北望气如山。
>
> 楼船夜雪瓜洲渡，铁马秋风大散关。
>
> 塞上长城空自许，镜中衰鬓已先斑。
>
> 出师一表真名世，千载谁堪伯仲间！
>
> ——《书愤·其一》

赵匡胤，以计谋巧取了柴家的江山，但他没能悟懂柴荣，一心想把辽人打出长城外的雄才大略。

北宋，这个没有长城的国家，失去了这铠甲的防护，也只能时常遭受着北方寒风的袭扰。这个软肋，成了赵家帝王一代又一代的殇。更让深受其害的南宋人，尤其陆游这样的爱国仁人志士，痛心不已。特别是在他晚年的时光里，成了时时发作的旧疾。北风吹来的每个日子，都让他泪流满面，也让他奋笔疾书。

梦的失落，更引动他的旧伤。1199年，已经七十五岁的陆游，又入沈园，挥笔写下了悼亡诗。

（一）

> 城上斜阳画角衰，沈园非复旧池台。
> 伤心桥下春波绿，曾是惊鸿照影来。

（二）

> 梦断香消四十年，沈园柳老不吹绵。
> 此身行作稽山土，犹吊遗踪一泫然。

寄居沈园附近，再不肯远去的陆游，年年相思，年年凭吊，直到他八十四岁，去世的前一年，还悲凄地写道：

> 沈家园里花如锦，半是当年识放翁。
> 也信美人终作土，不堪幽梦太匆匆。
>
> ——《沈园》

这分相思，一直伴随着这位老人，可见陆游的用情至深。而那个复国梦，也同样一直在他心头萦绕。1209年岁末，奄奄一息的陆游，知道时日无多，不觉眼角浸出遗憾的老泪，喃喃地将自己的梦想托付给了自己的儿孙。

> 死去元知万事空，但悲不见九州同。
> 王师北定中原日，家祭无忘告乃翁。
>
> ——《示儿》

八十五岁的陆游，在这情梦交织之中，永远地闭上了眼睛。

陆游的一生，以诗名动天下，然而，一首词却惊艳了众生。而最后，又归依这一首诗的叹息，感动了天下。

诗，是他才情的最爱；

词，是他爱情的最深；

北伐，是他志向的最真；

归去，是他失落的最痛。

清末大思想家梁启超，面对萎靡的时局，不觉又想起了这位，至死都挂念国事的老者。是啊，乱纷纷的世界，还有谁似陆放翁那样振臂一呼？他不禁感叹道：

> 诗界千年靡靡风，兵魂销尽国魂空。
> 集中什九从军乐，亘古男儿一放翁。

陆游一生爱梅，写有多首梅诗梅词，用他的那首《卜算子·咏梅》来作结尾，似乎是最恰当。

> 驿外断桥边，寂寞开无主。已是黄昏独自愁，更著风和雨。

无意苦争春，一任群芳妒。零落成泥碾作尘，只有香如故。

陆游，这位伟大的爱国诗人，虽然故去近千年，却依然留香人间，万古不朽。

图书在版编目（ＣＩＰ）数据

曾许世间第一流 : 宋代文人的浮沉人生 / 孔祥秋著
. -- 沈阳 : 沈阳出版社 , 2023.9
ISBN 978-7-5716-3625-8

Ⅰ . ①曾… Ⅱ . ①孔… Ⅲ . ①文人—生平事迹—中国
—宋代 Ⅳ . ① K825.4

中国国家版本馆 CIP 数据核字 (2023) 第 146573 号

出版发行：沈阳出版发行集团|沈阳出版社
　　　　　（地址：沈阳市沈河区南翰林路10号　邮编：110011）
网　　址：http://www.sycbs.com
印　　刷：北京市兆成印刷有限责任公司
幅面尺寸：145mm×210mm
印　　张：8
字　　数：172千字
出版时间：2023年9月第1版
印刷时间：2023年9月第1次印刷
责任编辑：王冬梅
封面设计：胡椒书衣
责任校对：张　磊
责任监印：杨　旭
书　　号：ISBN 978-7-5716-3625-8
定　　价：52.00元

联系电话：024-62564955　024-24112447
E - mail：sy24112447@163.com